Perrine Tripier

Les guerres précieuses

CW01498259

Gallimard

COLLECTION FOLIO

Perrine Tripier est professeure de lettres en région parisienne. À seulement vingt-quatre ans, elle publie aux Éditions Gallimard son premier roman, *Les guerres précieuses* (2023).

Pluie fraîche sur pelouse bleue. Herbe d'été humide, relents de terre noire. Toujours ces averses d'août sur les tiges rases, brûlées d'or. Les lourdes gouttes ruissellent sur la vitre, sinuent, serpentent et s'entrelacent en longs rubans de lumière liquide. Combien d'après-midi passées derrière le voile vaporeux du rideau, à suivre du doigt leur tracé nerveux et languide à la fois. Les petits cheveux follets frisent autour des joues, et l'on s'étonne qu'ils soient si blancs alors qu'on est si jeune, nimbée d'éther sous la fenêtre. Et soudain le regard tombe de la fenêtre à la main qui écarte le rideau, et la main est vieille, si vieille.

Il est des lieux qui vous harponnent. Qui enroulent leurs mailles autour de vos songes, qui ajustent leurs griffes, juste assez pour vous laisser grandir, mais avec dans votre chair la meurtrissure de leur emprise.

Il est des portes dont le bruit quand on les

pousse est comme un cri du temps qui brise encore l'oubli.

Il est des escaliers dont on aimerait tant gravir à nouveau les marches, juste une fois, en laissant couler dans sa paume le poli froid de la rampe.

Ça, c'est la Maison.

Il est en revanche des lieux qui font glisser dans votre nuque le malaise moite de l'étranger. Des lieux qu'on ne sent pas résonner en soi. Des lieux qu'on vous impose, qu'on vous oblige à supporter, c'est passager, c'est transitoire, on n'a pas le choix. Quand le monde se fatigue de vous, on vous propose la télé près du lit, la table de chevet pour l'étui à lunettes, le papier peint jaune. C'est joyeux, le jaune, et puis il y a tout ce qu'il faut ici, on s'occupera de vous. On nous fait troquer la Maison pour une chambre dans un mouroir médicalement adoubé. Ce papier peint jaune – le coup de massue dans ma vieille nuque.

De toute façon, je n'aime plus que le fauteuil. C'est le seul meuble que j'ai pu emporter. Il a toujours été un fauteuil de vieux ; celui de l'arrière-grand-père, que je n'ai pas connu, puis celui de la grand-tante Babel, quand elle nous rendait visite. Je comprends pourquoi on l'aime en vieillissant ; on se reconnaît en sa poussière, en sa mollesse. Du bout de l'ongle, je taquine les éraflures de son velours vieux rose.

10

Le confort de caler ses bras dans l'intimité des accoudoirs. Le tissu glisse tout contre soi telle une seconde peau. C'est comme retrouver l'étreinte d'un amant doucereux, qui serait resté bien plus constant que tous les hommes que j'aurais pu connaître.

En y réfléchissant bien, j'ai été la seule à vraiment aimer la Maison. Même l'arrière-arrière-grand-père, qui l'a désirée, imaginée, construite, ne l'a pas autant aimée que moi. Je l'ai aimée assez pour y rester toute ma vie. Pour abandonner mes études à la Ville, parce que je souffrais trop, loin des bois de mon enfance. Pour dire non à Oktav, quand il m'a tendu la petite bague sur le Pont-Noir un mercredi après-midi, car il n'aurait jamais voulu qu'on vive dans la Maison, lui. Il voulait emménager dans un grand appartement du vieux centre, non loin du lycée où il aurait enseigné et où nos futurs enfants auraient appris à nous surpasser. J'ai assez aimé la Maison pour ne rien souhaiter d'autre, dans toute mon existence, que d'y demeurer, blottie au creux des choses familières, me laissant patiner par le temps exactement comme la rampe de l'escalier en colimaçon.

Je ferme toujours les yeux quand je veux m'en souvenir. Je fais ça tous les jours, à chaque minute de conscience, peut-être. Je m'efforce avec impatience, avec violence même, de recréer chaque pièce, chaque recoin. Je m'accroche aux détails, à la forme des interrupteurs, au bruit des boutons de porte qu'on tourne, à la fine couche de poussière sur les ampoules jaunes. Je veux tout revoir, tout sentir à nouveau. Je veux évider l'espace du présent et faire resurgir, à coups de souvenirs forcenés, les lieux que j'aimais tant, que je connaissais par cœur, que j'ai arpentés toute ma vie, et qui, maintenant que je n'y suis plus, s'effacent, se désagrègent.

La Maison comme je l'ai laissée, celle d'il y a quatre mois, peut-être cinq, je me la rappelle. Je me la rappelle un peu trop bien, même. La lente décadence des pièces dépeuplées, des parquets ternis, des couloirs froids où la peinture s'écaille, ça, oui. Le carreau cassé du vitrail par lequel s'engouffrent les feuilles mortes, tourbillonnant faiblement sur le sol du hall comme un couple éreinté valse à la fin de la nuit, je le vois encore, et très nettement. Et aussi les radiateurs en fonte, d'un blanc passé, glacials dans les pièces où l'on ne vit plus, les cheminées murées, les draps sur les meubles dans les chambres où plus personne ne dort. C'était comme ça, à la fin.

Je veux chasser cette image de la Maison. Raviver les couleurs, ouvrir en grand les claires fenêtres où s'engouffre l'air enivrant du matin, cirer l'escalier, nettoyer la table immense de la salle à manger. Mettre le couvert pour une quinzaine de personnes, comme à la grande époque où tous, sans exception, venaient.

Je veux revoir la haute Maison aux planches de bois blanc qui surgissait, quand on rentrait du jardin, blottie entre les grands sapins bleus et les érables, avec l'herbe qui se brisait en gerbes émeraude sur la volée de marches du perron. Revoir la façade aux fenêtres étroites, avec la véranda qui dépassait sur le côté gauche, le toit pointu et haut hérissé par les conduits de cheminées et les pignons d'un blanc immaculé, avec l'œil-de-bœuf du grenier, perché comme l'œil rond et doré d'un géant rassurant, tout ourlé de bois ouvragé. Je veux revoir les étranges toits aigus qui coiffaient les bow-windows, et qui, en hiver, se frangeaient de stalactites. Je veux revoir les fenêtres qui étincelaient dans l'air frais, caressées par les branches des arbres trop proches de la Maison, lorsqu'une légère brise soufflait. Je veux revoir la grande Maison, avec les colonnes de bois sculpté encadrant la porte d'entrée, glacée d'un vernis chaud de caramel solide, et le vitrail de fleurs entrelacées qui laissait filtrer, quand le soleil brillait au travers, des éclats de couleur dans le hall. Peint d'immenses treillis de feuillage tropical, le hall luisait d'un doux bleu. Là s'élançait l'escalier en colimaçon, dans un tourbillon de bois cuivré.

Tout était ouvert, les senteurs de la cuisine circulaient librement et envahissaient la Maison entière. Les voix grondaient depuis le salon jusqu'au grenier comme le murmure d'un torrent rassurant qui roulerait dans les murs. Du fond de mon oreille, j'entends encore. Le parquet craque et dégage des effluves de pin, et même nos pas d'enfants les plus légers font grincer les planches épaisses. On monte l'escalier en courant, parce que c'est plus drôle d'avoir le tournis en arrivant. Le couloir du premier étage dessert les anciennes chambres de l'oncle et de la tante, celles de quand ils étaient petits, et qu'ils occupent toujours quand ils reviennent nous voir avec les cousins. Eux, ils dorment juste en face de notre chambre, à Harriett et moi. C'est plus pratique pour jouer, ils n'ont qu'à traverser le couloir, et chuchoter le mot de passe à la porte pour qu'on sache bien qu'ils ne sont pas des adultes importuns, qui viendraient tout éparpiller avec leurs grandes jambes maladroites. Tout au fond du couloir il y a la salle de bains, la verte, avec sa fenêtre qui coince un peu, mais par laquelle on aperçoit un bout de verger. En face, il y a la chambre de la grand-tante Babel, quand elle vient poser ici ses malles suintant le camphre. Quand tous repartent, on a l'étage presque pour nous tout seuls. Le deuxième étage, on ne peut guère y jouer ; c'est celui des parents, l'étage sérieux, celui avec les deux salles de bains les plus spacieuses. Enfin, Louisa, cette chanceuse, en a une privative, avec une petite baignoire en céramique, derrière sa penderie. Parce qu'elle est l'aînée des filles, elle a la plus grande chambre, et elle est toute seule dedans. Je n'échangerais cependant pour rien au monde ma chambre avec la sienne, car si

14

c'était le cas, nous ne pourrions pas faire autant de bruit avec Harriett, vu la proximité de la chambre des parents. C'est aussi là qu'il y a le cagibi, dont on ne se sert même plus pour les parties de cache-cache : on sait très bien que c'est le premier endroit auquel on pense lorsqu'il faut se dérober au monde. Le meilleur endroit pour se cacher, c'est bien entendu le grenier. Il est moins grand que quand Petit Père était enfant parce que, depuis, ils l'ont scindé en deux pour aménager la chambre de Klaus. J'aime bien la chambre de Klaus. Elle sent le garçon, parce qu'il n'ouvre pas beaucoup la fenêtre. Comme les adultes n'y montent jamais, on est tranquilles. On entend tous les craquements du toit les soirs de tempête, et il y a un je-ne-sais-quoi de rassurant dans cette mansarde tiède comme un cocon de bois suspendu au-dessus de la forêt.

Mais les images défilent en couleurs fanées, vidées de vie. Les visages sont flous, et c'est le plus douloureux, se rendre compte que l'image de ma famille, jeune, vivante, est perdue à jamais. Je me suis perdue également. Qui étais-je, à huit ans ? Maintenant que la vieillesse me casse le dos et me rompt les doigts, je sens combien j'aurais été agacée, enfant, par ma présence d'aujourd'hui, encombrée par ce qui n'est plus. Je haïrais le théâtre de marionnettes que je dresse en pensée pour rejouer sans cesse les images mortes. Qui étions-nous, dans les bois et dans la chambre, dans la cuisine où la soupe fume ? J'agite des pantins dont les visages s'effacent. Qu'importe, il est un moment où certains nous sont tellement familiers qu'on n'a même plus besoin de leur présence physique pour qu'ils soient là. Il n'y a que des gens avec lesquels on a grandi dont on peut vraiment dire les connaître. Notre évolution particulière s'est légèrement teintée de celle des autres, comme l'eau dans laquelle tombe une goutte de sirop, une seule, suffisante pour colorer de menthe pâle le verre entier. Je sais exactement ce que Petit Père ou Louisa aurait répondu à telle remarque, je vois encore le sourire de Petite Mère quand elle nous regardait danser les soirs de printemps. Alors, il me semble revivre pour un temps, dans ce corps d'aujourd'hui, ce corps pénible et grinçant, les jours qui s'achevèrent et les jours qui leur succédèrent, au creux de la Maison.

Je veux me rappeler les voix d'enfants glorieux s'enchevêtrant, la tendresse froide et pudique de Petit Père, les jaillissements d'inspiration de Petite Mère quand elle se levait subitement de table, saisissait les pinceaux dans le pot sur le buffet et se ruait vers son atelier, dans un coin de la véranda. Je veux me rappeler quand Klaus, Louisa et Harriett étaient encore à la Maison, Klaus déjà à l'orée de l'adolescence. Il était beau, le grand frère prodige, brillant, drôle, insolent de talent. Je voudrais râler encore quand il enchaînait les gammes à six heures du matin et que la douce plainte éraillée de sa trompette réveillait toute la famille. Je veux retrouver Louisa, la plus jolie des filles, comme si elle avait absorbé de notre mère tout son éclat, n'en laissant plus ni pour moi ni pour Harriett. Je me souviens que quand je passais, traînant les pieds sur le parquet du second, devant la porte entrouverte de Louisa, elle n'était ni sur son lit, ni dans son fauteuil, mais toujours devant le miroir de son cabinet de toilette, en train de fondre ses yeux dans les siens, à guetter les paillettes d'or au fond de l'iris.

Combien je donnerais pour retrouver la chambre avec les deux petits lits côte à côte, celui de Harriett et le mien, avec la lampe au milieu, sujet de tant de disputes entre nous, moi qui voulais toujours lire plus tard qu'elle ! Son visage de poupon chafouin qu'elle cachait sous la couette en hurlant que je l'empêchais d'effectuer ses huit heures de sommeil… « T'auras qu'à te lever moins tôt », je jubilais, tournant lentement les pages de mon roman pour la faire enrager. « Tu sais bien que Klaus va encore nous réveiller avec sa maudite trompette, alors éteins ! » protestait-elle, indignée, les larmes au bord des yeux, frappant l'oreiller. « J'éteindrai quand j'aurai fini mon chapitre. » « Fais voir où t'en es. » Je lui montrais une fausse page. « Tu vois, presque fini », j'assurais. Elle se mettait à siffler comme un serpent, je mentais, j'étais la pire des sœurs, si elle le disait à Louisa… Elle suspendait la menace et me jetait un regard furibond de sous les draps. Harriett s'en remettait tout le temps à notre sœur aînée pour régler nos différends, parce que celle-ci était d'une partialité et d'une injustice absolues. Elle donnait toujours raison à notre benjamine, qui avait d'adorables boucles sombres que Louisa aimait à coiffer, alors qu'elle disait que ma tignasse était « perplexifiante ». Mais comme Harriett était loin d'être docile, le plus souvent Louisa sortait de la chambre en claquant la porte, et se cloîtrait dans la sienne pour rêver de grands lustres et de dîners entre amis.

Même la Maison de l'adolescence, je voudrais la revoir. Celle qui me hantait tous les soirs dans ma chambre d'étudiante, et qui me faisait haïr le Collège, maudire les études. Elles m'avaient arrachée à mon foyer, à ma vie, à mes promenades dans les bois et à mes après-midi passées à lire, blottie sur le rebord trop dur de la fenêtre. Mais le triomphe des vendredis soir ! Quand je me ruais dans le train, bondissais sur mon siège, trépignais d'impatience, les lèvres étirées en un irrépressible sourire, et que l'inexorable machine m'emmenait loin des tours de la Ville ! J'adorais alors l'arrivée en gare, qui me semblait interminable pourtant, et le moment où je voyais Petit Père, près du coffre ouvert qui attendait ma valise, avec Harriett déjà dans la voiture, car elle finissait plus tôt les vendredis.

« Madame Aberfletch ? Vous m'entendez ? Je pose votre plateau sur le bureau, vous mangerez quand vous voudrez. »

Et voilà cette aimable infirmière qui vient tout dissiper dans son parfum à la rose. Qu'elle aille au diable avec sa blouse blanche et sa jeunesse insolente, sa voix limpide de fille vivante, qui rentre chez elle le soir. Elle doit attendre l'été toute l'année, cette saison du corps liquide, des soirées blondes.

Été

Je n'aimais rien tant que les étés, à la Maison. Tout rayonnait alors, dans la langueur moite des vacances, qui semblaient infinies, étirées par les longs jours d'ennui délicieux. Dès les premières chaleurs du mois de juin, tout se mettait à scintiller, à déborder de vie. Les érables et les sapins paraissaient gorgés d'une sève incandescente ; l'herbe, d'un vert insolent, était traversée de grands aplats de soleil.

Tout le monde revenait de la Ville, refluait vers la campagne familière et les forêts nimbées d'ombre lustrale. Il suffisait de se tenir à l'orée du bois pour sentir le vent embaumé de résine exhaler son murmure. Quand nous étions enfants, le frère et la sœur de mon père, oncle Bertie et tante Hilde, venaient chaque été avec leur famille. La joie quand on annonçait : « Les cousins arrivent ce soir ! » La journée s'imprégnait alors d'une agitation impatiente qui nous faisait sautiller en cercle dans le salon, et, grondés par Petit Père, nous remontions l'escalier en étouffant des rires nerveux. L'après-midi se passait en préparatifs affairés ; j'adorais seconder les parents, avec une attention minutieuse. Je veillais, tel un petit despote, à ce que le grenier soit aéré, les coffres à jouets ouverts, les draps pliés soigneusement sur les lits. Je dévalais l'escalier en colimaçon qu'on avait ciré pour l'occasion, je tourbillonnais dans le hall traversé par la lumière concassée du vitrail. Je venais vingt fois dans la cuisine, je me penchais sur le feu, je humais les fumets en soulevant, d'une main un peu tremblante, le couvercle des soupières. Je savais que la nourriture presque prête était le signal : les cousins seraient bientôt là, et nous serions tous, sous peu, attablés ensemble dans un brouhaha insupportable de rires sonores, relâchant la frénésie d'une longue journée d'attente.

Le soir de l'arrivée des cousins, chaque début d'été, était toujours le même. Ils étaient en général exténués de la route qu'ils avaient subie toute la journée, de la promiscuité des voitures, de la chaude haleine du goudron, du soleil reflété sur les carrosseries rutilantes. On s'attablait néanmoins avec entrain. Quand tout semblait valser de lumières et de rires et de parfums, quand l'on était sans cesse interrompus dans nos histoires par un plat qui passait, ou par une autre histoire qui jaillissait à un autre bout de la table, et quand je me renversais sur ma chaise pour dévisager furtivement ceux qu'on n'avait pas vus depuis Noël, je me sentais immergée dans un bain de joie liquide, dorée et pétillante, embaumée par l'odeur de miel des cigares de l'oncle Bertie ou celle du thym en déliquescence dans le jus du poulet. Mon regard faisait un tour de table et coulait machinalement sur les visages familiers, pour s'accrocher à ceux des cousines, toujours plus jolies année après année. J'étais fascinée par leur nez, surtout, petit et rond, et qui venait de la belle-famille de Bertie. Lui n'avait pas échappé au nez familial, busqué et long, où glissait la lumière comme sur une lame. Amelia et Magda avaient tout pris de leur mère, une sorte de grâce blonde et charnue, avec une peau toute rose sous le cou, une peau de fleurs fraîches perlées d'eau dans des vases cristallins. Toujours assises côte à côte, faisant circuler avec précaution le pichet quand il passait devant elles, elles riaient bien franchement à toutes les facéties de Klaus ou Harriett. Chaque été, les deux cousines, sitôt qu'elles descendaient de voiture et posaient le pied sur les marches du perron, se jaugeaient du regard avec Louisa. On ne savait alors pas, dans les premiers instants de leurs retrouvailles, si Louisa et elles allaient s'écharper ou bien s'échanger quelque pique de jolies filles ; mais non, elles tombaient dans les bras les unes des autres et rentraient en riant dans la Maison, entraînant dans leur sillage un parfum d'huiles précieuses. Harriett et moi passions peu de temps avec les cousines, qui partageaient le caractère de Louisa et étaient du même âge qu'elle. Nous étions les petites importunes, bruyantes, un peu inquiétantes je le crois. Klaus ne manifestait aucun intérêt particulier pour les cousines, et était assis à table à côté d'Aleksander, le fils chéri de ma tante Hilde. Aleksander associait au nez traditionnel des Aberfletch un regard d'acier qui tranchait avec la profondeur d'étang sale de nos yeux à nous. Il avait des cheveux un peu plus cendrés et pâles que les nôtres, et sa tête très droite accrochait les reflets de la lampe de la salle à manger, qui projetait son halo chaleureux sur la table entière. Aleksander et Klaus ne s'entendaient pas plus que cela, mais, étant les aînés des enfants, ils avaient appris à demeurer ensemble, dans une sorte de fraternité défiante, à mi-chemin entre la compétition et la solidarité. Ils rivalisaient d'adresse lorsqu'ils se servaient de l'eau, et c'était à celui qui lèverait la carafe le plus haut, sans que le mince filet ne déviât de sa course. Nous battions des mains en fixant l'eau troublée qui remplissait rapidement le verre, et hurlions quand celui-ci était près de déborder.

Les adultes étaient nerveux, ils nous envoyaient au lit tôt en nous disant de ne pas « faire la java jusqu'à pas d'heure comme l'année dernière ». Les cousins et nous échangions alors un regard joyeux, notre complicité tout à coup ravivée par cette réminiscence d'un passé commun. Dans nos yeux, un bref instant, défilaient des souvenirs noyés de lumière estivale, tremblotants de rires et d'écorchures aux genoux. On accompagnait les cousins jusqu'à leur chambre en dansant, tout excités de les revoir chez nous, et Klaus faisait gronder sa bonne voix en train de muer et jouait au « grand », en disant « je monte chez moi, soyez sages les enfants ». Aleksander rouspétait un peu, parce qu'il avait le même âge que lui, mais était obligé de dormir avec les deux cousines, qu'il ignorait allègrement la plupart du temps. Alors Louisa et Klaus s'enfonçaient à nouveau dans la pénombre de l'escalier, et nous restions, Harriett, les cousins et moi, dans le couloir sombre, le terrain neutre entre nos deux chambres. Par la porte entrebâillée, nous voyions avec plaisir que leurs valises avaient été montées comme par miracle par un parent dévoué, et reposaient sur leurs lits respectifs, dans le halo jaune de la lampe. Cette chambre restait vide toute l'année, avec les sommiers nus et froids, sauf quand les cousins venaient. Alors on déployait de grands draps frais pour eux, encore parfumés des brins de lavande disséminés dans les penderies. Les cousins avaient toujours les yeux fatigués, le premier soir, mais ils semblaient vraiment heureux de revenir. Harriett et moi restions dans l'encadrement de leur porte, à les regarder se précipiter à la fenêtre comme pour vérifier si la vue n'avait pas changé depuis l'été dernier. Alors, satisfaits, ils se frottaient les yeux en bâillant et nous souhaitaient une bonne nuit. Je prenais Harriett par l'épaule pour la forcer à rentrer dans notre chambre, parce qu'elle était bien trop échauffée pour dormir, et voulait jouer, tout de suite, à un cache-cache dans le noir, ou à espionner les adultes, ou à surprendre Klaus dans son grenier, en montant tout doucement l'escalier pour éviter qu'il grince. Je lui disais que nous avions tous les soirs de l'été entier pour y jouer, et elle me suivait avec une résignation teintée de plaisir.

Dans mon lit, allongée les yeux grands ouverts, tout entière tournée vers le plafond noyé d'ombre bleue, je sentais le poids des deux étages au-dessus de moi, et je devinais le fourmillement des adultes en dessous, débarrassant la table, avec le grondement chaleureux de leurs voix rauques. J'écoutais les bruits de la nuit qui se préparait, Louisa en haut qui marchait à pas pressés depuis son cabinet de toilette jusqu'à son lit, les cousins de l'autre côté du couloir qui rangeaient leurs affaires dans les armoires, débarquant, s'installant, reprenant possession de la chambre qu'ils retrouvaient chaque été. Je me sentais entourée des gens que j'aimais, comme si je faisais partie d'un tout et que la Maison, enfin pleine de cette grande famille, du même sang que moi, vivait pour de bon. Je savais que ce n'était pas trop grave si nous nous couchions un peu tôt aujourd'hui, parce qu'il y en aurait d'autres, des soirs. La petite voix éraillée de Harriett finissait toujours par s'élever dans le silence, et elle hasardait un : « C'est bien qu'ils soient là, les cousins. » D'autres nuits, je lui aurais dit de se taire, parce que je n'avais pas envie de parler. Mais là, j'étais blottie dans mes draps, et le vent d'été soufflait doux contre les volets, dehors. Alors je lui répondais simplement : « Oui, c'est vraiment bien. » Nous parlions de ce que nous ferions demain. Dans le noir presque complet de la chambre, je ne distinguais de Harriett qu'une petite masse sombre sur l'oreiller tout gonflé d'ombre claire, énorme par rapport à sa tête. Et c'était mon moment préféré de la journée, rempli de promesses, de projets, d'idées rendues plus folles encore car déjà entremêlées d'une demi-conscience pleine de rêves. Nous glissions dans le silence comme une étincelle à la surface de l'étang, et les flots du sommeil se refermaient sur nos yeux.

Nous laissions les journées s'écouler comme un filet de lumière liquide. C'était le temps précieux des heures élastiques, des matinées évanescentes, des après-midi infinies.

Le matin était toujours un moment du chacun pour soi. On remarquait à peine que la Maison était peuplée d'autres que nous, tant tout était silencieux, avec les portes closes des dormeurs tardifs, le salon vide mais sentant encore le cigare au miel de Bertie.

J'étais toujours réveillée avant Harriett, parce que mon lit était le plus proche de la fenêtre, et qu'un rayon de soleil blanc filtrait toujours par l'interstice des volets, découpant sur mes draps un fuseau tiède. Je restais quelques minutes dans les draps chauds, mais j'entendais les oiseaux dehors, le bourdonnement confus des guêpes se cognant contre le montant de la fenêtre, et j'avais soudain une envie folle de regarder le jardin, de voir se déployer devant mes yeux la pelouse étincelante du matin, et de sentir la brise glorieuse gonfler ma robe. Je n'ouvrais pas les volets pour ne pas réveiller Harriett, et mes yeux habitués à l'ombre pâlie distinguaient sans trop de peine les obstacles qui séparaient mon lit de la porte. Je me faufilais lentement hors de la chambre, avec précaution pour ne pas trop faire grincer le parquet. Mes orteils rencontraient d'abord la fermeté du plancher, puis le tapis un peu rêche qui chatouille la plante des pieds. J'évitais avec précaution les angles saillants de nos deux lits, du coffre à jouets, de l'armoire, et je jetais un regard anxieux vers la petite boule pelotonnée sous sa couette fleurie, pour vérifier qu'elle n'avait pas bougé. Alors je posais une main sur la poignée, l'autre sur le pêne, et je tirais d'un coup sec, pour que le battant ne couine pas – car une porte mal huilée fait toujours plus de bruit quand on l'ouvre lentement. La lumière matinale qui inondait le couloir me faisait vaciller un instant sur mes jambes. La rangée de portes fermées était intimidante, et empêchait de savoir si j'étais la première levée ou non. C'était encore un peu étourdie que je descendais l'escalier. Là encore, il fallait éviter le gémissement du bois, contrôler ses appuis, préférer certaines marches à d'autres, et donc faire des pas de géant, en se cramponnant à la rampe pour ne pas perdre l'équilibre. C'était la première aventure de la journée, réitérée chaque matin.

Quand je traversais le hall désert, le feuillage se déployait là effrayant, car la lumière du matin y jetait un reflet froid, et les fleurs peintes semblaient estompées, comme d'anciennes étoiles en train de disparaître. Les carreaux étaient toujours glacés, et je passais bien vite dans la cuisine. Là, l'horloge cliquetait, et c'était le seul moment où je la remarquais, car le reste du temps sa pulsation mécanique était couverte par les bruits de la Maison, les rires, les voix, le fracas discordant des casseroles qu'on entrechoque en les rangeant. La cuisine était fraîche, on avait laissé les fenêtres et les volets ouverts au rez-de-jardin, pour que circule l'air de la nuit. Le matin, on chassait les papillons couleur d'écorce qui s'y étaient faufilés pour se blottir dans la chaleur des murs. Ils voletaient, maladroits, et leurs ailes tremblotantes battaient les carreaux sans trouver la sortie.

Je refermais les fenêtres, en me mordant la lèvre quand elles claquaient un peu fort. La vaisselle sur l'évier avait séché, et une flaque d'eau

froide ruisselait goutte à goutte du rebord jusqu'à la bonde. J'aimais beaucoup les fenêtres de
la cuisine, avec des petits carreaux encadrés
de blanc, donnant sur le verger qui s'éveillait.
Je me hissais sur le plan de travail encombré
de pots et de spatules, et je collais mon nez
à la vitre. J'observais à travers la buée de mon
souffle les vagues silhouettes des arbres chargés
de fruits. Les feuilles d'un émeraude timide fré-
tillaient au soleil, comme des petits poissons à
nervures vertes.

Je passais dans le salon, dans la bibliothèque,
déserts, et je soupirais déjà d'ennui, me disant
que, décidément, les adultes étaient trop feignants, à dormir ainsi alors que le jour se déroulait sans nous attendre. Soudain, j'entends un
mouvement au-dessus. Un bruit de pantoufles
légères fait grincer le parquet ; le jeu est alors de
deviner qui c'est. Si ça descend l'escalier vite,
c'est Harriett ou Klaus. Les cousins dévalent vite
aussi, mais moins que nous, surtout les premiers
jours : il faut qu'ils se réhabituent aux marches
traîtresses dans leur bois brillant. Un pas lourd
et lent, c'est l'oncle Bertie. Bertie, le matin, sent
extraordinairement bon, parce qu'il fait toujours sa toilette avant de descendre, et je l'ai vu,
une fois, s'appliquer à grands coups du plat de
la main des gerbes d'eau de Cologne dans son
cou fraîchement rasé. Sa peau est alors rouge et
luisante sous le menton, son sillage se fleurit de
grandes herbes balancées au vent.

Et puis, petit à petit, toute la Maison s'agitait,

s'étirait, bâillait un grand coup de toutes ses fenêtres ouvertes sur le jardin. Le vent gonflait les draps blancs et semait du pollen sur l'oreiller. Les cousins descendaient un à un, petits visages encore tout ensommeillés, le pli du drap sur leur joue chaude, Aleksander avec ses cheveux de blé dur en épi sur le front. Les adultes laissaient flotter leur grande présence évanescente autour de l'évier, s'affairaient, se passaient les bols en parlant de la nuit écoulée, Hilde qui rouspète toujours un peu parce que les ressorts du lit grincent, et Bertie qui dit qu'il a très bien dormi, en pinçant les côtes de sa « petite femme », Suzy au visage de bouton de rose. Le petit déjeuner était pour nous vite expédié, pas de temps à perdre, vous avez suffisamment roupillé mauvaise troupe, le jardin nous attend, on a mille cabanes à construire dans cent arbres remplis d'oiseaux. C'était comme si mes poumons emplis de l'air du matin avaient doté ma voix de plus d'éclat, et à l'aide de Harriett mon fidèle second, nous excitions bien vite l'entrain de toute la bande, et élaborions déjà mille projets, alors que les parents servaient un café trop chaud pour cette matinée déjà tiède. Le coup d'eau froide sur le visage au-dessus du lavabo, puis le cri de ralliement, nous pliés sur la rambarde de l'escalier : « Tous au jardin ! », « Il est où Klaus ? », « Déjà dans la remise ? », « Et Amelia et Magda, qu'est-ce qu'elles fabriquent encore ? ».

Comme on courait ! En ribambelle de boucles rebondissant au soleil, on faisait toujours le même chemin, et le même enchantement nous saisissait chaque matin, à la même heure du ciel bleu immense. On sortait par la grande porte, on l'enfonçait de nos petites mains encore pâles de début d'été, et on sautait d'un jet la volée de marches du perron. En atterrissant dans l'herbe molle, on reprenait contact avec la terre. Une nouvelle impulsion, nous dévalions la pente verdoyante. Les longues tiges nous griffaient les chevilles, s'agrippaient à nos mollets, et les sauterelles bondissaient autour de nous dans leur farandole désordonnée. La lisière de la forêt, on retenait son souffle. L'ombre était bleue, et les rayons du jour perçaient, obliques, d'or les frondaisons. Ça sentait bon la résine, la bonne résine qui a perlé toute la nuit en nectar de sève. Klaus courait le plus vite. Harriett nous talonnait, elle faisait tout ce qu'elle pouvait mais elle était petite, et elle hurlait en courant, de toute la puissance de ses poumons. Magda, Amelia et Louisa sautillaient en nymphes, comme pour accrocher des guirlandes de perles aux mousses que leurs pieds effleuraient. C'était d'ailleurs leur rôle, à chaque nouvelle cabane, d'ornementer nos abris de bois brut. « Elles ont du goût », disaient toujours les parents, rassurés par leur grâce, sûrs qu'elles se marieraient vite et feraient des enfants.

C'étaient toujours Klaus et Aleksander qui choisissaient le bosquet. Pendant plusieurs années, on avait occupé le même groupe d'arbres aux branches basses, peu moussus, offrant plein d'aspérités pour s'y hisser, avec des feuilles d'un bleu très sombre, qui semblaient toujours vernies de givre. On y revenait chaque jour, même quand on cherchait d'autres endroits, pour varier un peu, étendre la colonie, explorer le monde, avoir un abri de secours en cas d'attaque, de tempête, d'explosion solaire. Notre cabane principale était bâtie un peu comme la Maison. Un toit très pointu, très haut. On s'y tenait debout les premiers étés, puis Klaus et Aleksander ont grandi, et de toute façon ils voulaient se faire des cabanes privées, pour garçons, loin des filles. Pendant un ou deux étés, ils se sont mis à faire sécession, et, paradoxalement, ce furent les étés les plus exaltants de notre enfance. Abandonnées, délaissées, nous les filles devions prendre les choses en main, nous répartir les tâches, afin de protéger notre territoire des garçons qui se tapissaient dans les buissons alentour pour nous faire peur, nous piquer des bâtons, des pierres plates, des cordes. Harriett et moi étions les éclaireuses. C'était de loin le rôle le plus excitant, le plus effrayant aussi. Cœur qui bat la chamade alors qu'on se terre derrière un tronc d'arbre et qu'on doit hasarder un regard derrière notre épaule. Guerrières incandescentes, reines amazones à la crinière de feu, une lance dans une main, un poignard attaché à la cuisse, nous nous déplacions, silencieuses et souples comme des panthères, les doigts crispés sur nos bâtons sales et détrempés par la rosée. Notre mission était de repérer la nouvelle cabane construite par les garçons, et, le cas échéant, de détruire leur base pour les forcer à revenir dans nos rangs. Amelia faisait le guet, parce qu'elle était grande et pouvait rester des heures dans l'arbre, à jouer avec ses cheveux. De plus, son cri était perçant ; nous avions eu mille occasions de nous en apercevoir. Louisa s'occupait du ravitaillement en vivres et faisait la liaison avec la Maison. C'était elle qui devait gérer notre stock de bois pour les extensions potentielles de la cabane, ou les réparations après les nuits de grand vent. Quant à Magda, elle s'était proclamée princesse de la forêt et déambulait, grandiloquente et souveraine entre les arbres, une couronne de lichen entremêlée dans ses cheveux blonds. Quand nous rentrions bredouilles avec Harriett, après avoir, nous semblait-il, écumé tous les recoins de la forêt, nous nous efforcions toutes de nous passer des garçons, et l'excitation retombait, on était juste un peu lasses de rester dans ces bois froids où le soleil filtrait mal, et on songeait à la bonne chaleur qui devait faire briller le potager ou la véranda, là-bas vers la Maison. Et puis les garçons nous manquaient. C'était différent quand ils étaient là, rassurants avec leurs cris fracassants de chevaliers, leurs mollets rebondis et le léger duvet lumineux de leurs bras hâlés. On se sentait une tribu complète et harmonieuse, avec chacun à sa place. On n'aimait guère ces histoires de sédition, au fond.

Tous nos rituels, nos chants, tout ça est oublié. On aurait dû les écrire dans un carnet, j'aurais dû l'avoir là, dans un tiroir, et je l'aurais sorti pour m'immerger encore plus dans les bois dorés de nos dix ans. Je me souviens de quelques choses, des ritournelles d'enfant, vagues, lointaines comme la cloche au cou d'une vache, au fond d'un pré. Ah oui, ça sent le phoque dans cette bicoque, on chantonnait. Les enfants sont infatigables, je crois bien qu'on chantait ça chaque fois qu'on montait au grenier de Klaus. Ça sent le phoque dans cette bicoque, Harriett adorait le dire, elle trouvait ça épatant, très bien tourné, qui sonnait bien. Nous avions des petites trouvailles, qui restaient quelques mois, puis s'évaporaient. À l'adolescence on en reparlait en gloussant, tu te rappelles ce qu'on chantait à Klaus, quand on était petites, et on le redisait un peu, pour faire rire le grand frère. Les cousines, un été, avaient une mélodie en tête, une chanson à la mode, et tout le monde se moquait vaguement de la voix du chanteur, d'une aigreur de grenouille, mais en fin de compte nous fredonnions tous la mélodie, dans notre barbe. Ça surgissait sans prévenir, en se lavant les mains. Les yeux perdus dans le filet d'eau qui coulait sur les paumes savonneuses, on se surprenait à chantonner.

Qu'est-ce que l'infirmière m'a apporté, sur son plateau? Ils font des efforts, en cuisine, je ne dis pas le contraire. La viande est bonne, mais alors les pâtes ne sont jamais assez cuites. Ça se voit, quand même, des pâtes pas cuites. Elles n'ont pas encore tout à fait cette mollesse translucide qui fond sous la dent. J'ai mal au dos à force de rester dans ce fauteuil. Il faudrait que j'aille marcher dans les couloirs. Si c'est pour croiser des gens... autant rester chez soi. Les gens, dans les maisons de retraite, vous sont toujours distants. Les vieux, comme vous, ont déjà toute une vie derrière eux, et pas assez de force ou de mémoire pour la raconter. Et puis on n'a pas envie d'expliquer à un inconnu pourquoi on n'a pas épousé Oktav. Ils portent un jugement, ceux qui ont trois enfants – qui ne viennent jamais les voir, certes, mais dont les visages souriants permettent d'orner la table de chevet. Est-ce qu'Oktav est mort? Il avait de très beaux yeux, et ç'a été infiniment dur, après, de se rappeler ses iris humides débordant d'émeraude. Il aimait beaucoup mes yeux, aussi. Des yeux d'étang sale, je lui répondais chaque fois. « Tu ne dois pas avoir vu beaucoup de beaux étangs dans ta vie, alors », qu'il faisait. Je lui lançais que j'avais grandi dans une immense Maison avec une forêt et un potager et un étang entre les joncs et des libellules pleins les nénuphars, que la Maison me manquait, que je donnerais tout pour y retourner plutôt que poursuivre mes études à la Ville, plutôt qu'avoir un métier, un mari, des enfants. Que contre un seul des nénuphars de l'étang, je donnerais mille Oktav. Il avait l'air triste, et ça me plaisait. Nous n'aurions pas pu nous marier.

Je crois que tout cela me vient du livre que j'emportais partout avec moi, dans les heures creuses d'été, quand tout somnole au soleil après le déjeuner. C'était la trêve. Nous ne devions pas faire de bruit, pas un seul, tandis que les adultes, à tous les étages de la Maison, languissaient dans les chambres aux rideaux de mousseline vaporeux. « C'est le vin qui tape sur le crâne, quand on boit à midi », protestait tante Hilde en gémissant. Alors ils se couchaient tous, et nous imposaient un calme absolu. Nous n'avions pas le droit de sortir pendant ces heures qui étaient les plus chaudes de la journée, des heures de plomb fondu qui liquéfient les jambes. Les cousines suivaient Louisa dans sa chambre et jouaient tranquillement à se déguiser, ou à se pavaner devant le miroir. Klaus et Aleksander montaient aussi pour discuter, dans l'ombre reposante du grenier, à respirer la poussière de soleil qui flottait sous la charpente. Sur les épaules de Harriett pesait toujours une incommensurable fatigue après le repas, et ses petits pieds, qui avaient trotté si vaillamment toute la matinée, n'aspiraient plus qu'à reposer sur la fraîcheur du matelas. J'étais donc généralement seule du repas jusqu'à trois heures, et le ciel d'un azur épileptique tressautait dans la chaleur quand j'inclinais la tête contre le carreau. Chassée de ma chambre où dormait Harriett, devant éviter les couloirs grinçants pour ne pas réveiller les adultes qui ronflaient, le salon parce que Petit Père était allongé sur le sofa, et la cuisine parce qu'elle bouillait, par toutes ses fenêtres, de l'air saturé du zénith, j'errais de pièce en pièce, faible et lasse. Ce furent mes plus belles heures de lecture. Je me glissais le plus souvent sur la banquette du bow-window, dans le bureau de Petit Père, profitant de son absence. Ça sentait le cuir chaud, et le bureau d'acajou brillait sous un unique rai de soleil, pétillant tout doré comme une tranche de miel. Je me blottissais contre le verre tiède de la fenêtre, et mes cheveux se froissaient contre le bois du mur. Là, je lisais. Je lisais toujours à peu près le même livre, étant petite, ou du moins je le relisais tous les étés, car ses pages nourrissaient mes rêves et inspiraient mes élans de créativité dans les bois. La couverture était écarlate, rugueuse comme une peau de serpent, et gravée de lettres étincelantes. La tranche avait été glacée d'un doré froid, et je faisais jouer longtemps la lumière du début d'après-midi sur le bord des feuilles, fines et transparentes comme une aile de libellule. *La gloire secrète*, c'était le titre. Par Amber Gardano. C'était l'histoire d'une princesse, ou reine, ou impératrice quelconque, qui, pour une obscure raison de royaume à conserver dans son intégrité et pour elle seule, refusait d'épouser aucun des princes que lui présentaient ses conseillers. Elle passait tout le roman à fuir d'une tour à l'autre du château, afin d'éviter les réprimandes de ses ministres, et goûtait une solitude délicieuse penchée à la fenêtre du donjon où elle se réfugiait, à contempler l'immensité de son royaume sans partage. Elle répétait que personne au monde ne méritait d'arpenter les vastes salles de son château, qu'elle seule aimait et connaissait à sa juste valeur. Je crois que mon caractère entier s'est construit au fil de ces pages, dévorées aux heures torpides de juillet.

Saoule enfin d'avoir trop lu, d'avoir noyé mes yeux dans les pages au blanc vibrant, je laissais glisser le livre au bas de mon perchoir, et mes pieds se collaient au parquet tiède. C'était l'heure d'aller réveiller les feignants. Débutait alors une quête délicieuse et en même temps tellement irritante, puisque les minutes passées à chercher dans tous les étages de la Maison où jouaient les autres étaient autant de jeu collectif en moins. Je commençais par la chambre des cousins, j'entrouvrais la porte comme une petite espionne retenant son souffle. Quelle déception quand je voyais les lits bordés à la hâte, vides. Je bondissais dans notre chambre. Si Harriett n'y était déjà plus, une angoisse terrible me saisissait : ils étaient sans doute tous partis jouer sans moi, tous en train de courir et de chahuter dans les hautes herbes, de construire des cabanes fabuleuses dans des arbres inconnus découverts

aux limites du bois, sans moi, sans moi, me laissant seule dans une Maison remplie d'adultes
ronfleurs. J'étais alors si paniquée à l'idée de
rater quelque chose, d'être en train de manquer
tout un pan d'aventures qui nourriraient leurs
sous-entendus espiègles ce soir au dîner, et aux-
quels je ne comprendrais rien, que je me mettais à ne plus faire du tout attention au bruit de
mes pas sur le parquet. Je haletais d'un étage à
l'autre, je dévalais l'escalier, je murmurais
furieusement leurs prénoms, et je les découvrais
soudain, tranquillement en train de mettre leurs
chaussures dans le hall, ou de chercher des
outils dans l'appentis. Alors un grand rayon de
chaleur illuminait mon esprit, dont l'écheveau
anxieux se dévidait ; la déroute prenait fin. Je les
avais retrouvés, ils riaient sereinement, « On t'a
cherchée partout, on croyait que tu étais déjà à
la cabane ! ». Savoir qu'ils ne m'avaient pas
oubliée, qu'ils m'avaient cherchée même, sentir
le petit bras nerveux de Harriett s'enrouler
autour du mien, et rencontrer les yeux familiers
des cousines, me procurait une plénitude instan-
tanée. Et nous nous remettions à courir.

Notre parfaite liberté d'enfants n'était nullement empêchée par le voisinage des adultes.
Ils nous trouvaient globalement grossiers,
inconséquents et mal éduqués, et grondaient
dès que nous passions près d'eux dans le jardin,
leur bouche toujours pâteuse de reproches.
Nous étions poussiéreux, nous étions rouges et

moites, et notre vitalité contrastait avec leur langueur souffreteuse, leur sieste infinie du jour. Nous les épuisions rien qu'à courir au loin, ils nous exaspéraient avec leurs volets à demi clos en plein milieu d'après-midi. Nous ne leur adressions pas la parole de la journée, tout occupés que nous étions à courir du verger vers l'escalier, à bondir d'une chambre à l'autre, les bras chargés de draps, de cordes, de planches, à jaillir des bois en chantant à tue-tête. Nous ne les voyions même pas, au mieux obstruaient-ils vaguement notre chemin lors de nos courses à travers la Maison, et nous les trouvions lourds, lents, et encombrants. Le même phénomène se produisait à table, et tandis qu'eux parlaient fort et criaient de temps à autre quand, par maladresse, nous faisions tomber un couvert dans notre assiette, et que le tintement dissonant les obligeait à se rappeler notre existence, nous demeurions à leurs côtés aussi isolés en vérité que dans les cabanes que nous avions construites toute la journée. Au moment du dîner, Petit Père rouspétait parce qu'on ne descendait pas aussi promptement qu'il l'aurait souhaité. Mais quand Bertie mettait ses mains de géant en porte-voix, nous interrompions immédiatement nos jeux, car sa grosse voix, plus autoritaire que celle de Petit Père, et plus chaleureuse, crépitante comme un bon feu et vibrante comme un clairon de chasse, mettait toujours tout le monde d'accord.

On nous installait en bout de table, pour

qu'on soit entre nous. Nous avions notre propre manière de passer les repas. Les enfants ne parlent que peu, entre eux ; ils *montrent,* surtout. Les petites mains tracent des signes dorés dans l'air, galopent sur la table, font tournoyer avec plus ou moins d'habileté les bouchons de liège récupérés près des bouteilles des adultes. Les doigts potelés s'entrecroisent et se gênent pour dessiner des linéaments de miettes sur la table. Nous reconstruisions, entre les assiettes à moitié finies et le pied des verres translucides étincelant sous la lampe, le jardin et la forêt, là le verger, ici la Maison. Alors que les parents s'extasiaient de ce qu'il y avait sur la table, de la qualité du jarret, des épices du vin, du moelleux du pain, nous transformions cet espace en condensé de nos rêves de la journée, nous recréions l'endroit où nous aurions préféré être à ce moment, plutôt que d'être assis là, empesés par des habits au tissu épais « parce que l'air du soir est frais ».

L'été était ce moment où nous devenions frères avec les cousins, et où l'identité de nos parents se diluait dans celle des oncles et des tantes. La famille se remodelait, Petit Père et Petite Mère me devenaient étrangers, des ombres à peine dans la Maison, qui ne leur appartenait plus, qui ne nous appartenait plus non plus. Les chambres vides soudain vivantes, les salles de bains toujours prises, les verrous tirés de portes toujours ouvertes le reste de l'année, nous dépossédaient avec délice. La Maison ne changeait pas fondamentalement ; seulement, nous la regardions d'une manière différente. Quand les cousins étaient là, quand toutes les chambres étaient occupées, que des serviettes humides séchaient un peu partout, imprégnées d'odeurs de savons différentes des nôtres habituelles, je me sentais à la fois perdue et rassérénée. De temps en temps, surtout le soir, avant de monter dans les étages à la fin du repas, Petite Mère m'attrapait par le bras, réclamait une embrassade que je lui aurais volontiers donnée tout le reste de l'année, mais qui là devait m'être arrachée, puisque ce n'était plus ma mère, mais une adulte parmi les autres. Quand mes bras se passaient machinalement autour de son cou, dans l'ombre de la cuisine, alors qu'elle avait interrompu la vaisselle à mon passage, j'étais interloquée, comme si je revenais d'un songe et retrouvais mes esprits en suffoquant, mon nez crevant la surface de l'eau et cherchant l'air. Je me rappelais subitement que je n'étais pas une guerrière farouche mais une petite fille, et que cette femme qui sentait bon la fleur d'oranger et l'amande douce, et me serrait contre ses cheveux clairs dans la cuisine, était ma mère, celle sur les genoux de laquelle je me blottissais en hiver, tout naturellement, sur le sofa. Cela durait quelques secondes à peine, le temps d'une étreinte, puis elle murmurait à mon oreille : « Allez, va retrouver tes cousins, amusez-vous bien. »

La liberté absolue des jours d'été, c'est cela qui distinguait cette saison du reste de l'année. Quel délice ces soirs bleus où nous mangions dehors, sous le grand cèdre. La tablée se trouvait baignée par des effluves de résine. Des lourdes branches déployées au-dessus de nos têtes tombaient quelquefois de petits insectes, qui tentaient de fuir, en se tortillant, le poing rapide de Harriett. Les adultes nous semblaient encore plus diffus, leurs voix emportées par le vent. Leur grosse silhouette se floutait dans l'ombre violette, le profil rougeaud faiblement éclairé par la chaleur vacillante des lampions. Ils passaient leur temps à râler quand nous dînions dehors – ce qui explique pourquoi c'était si rare. Rien n'allait, le vent faisait gonfler la nappe dans les genoux de Hilde, les bancs étaient trop durs, les moustiques agaçants, la cuisine trop loin lorsqu'il fallait rapporter les plats. Et nous jubilions de les entendre ainsi bougonner, nous dont le jeu préféré était de nous fondre, dès notre assiette finie, dans la pénombre des arbres et d'exécuter de discrètes missions sans que les parents ne s'aperçoivent que nous avions quitté le repas. Rien n'était plus grisant que de s'échapper en riant dans la nuit toute croustillante de grillons et d'épines sèches. Et nous de fuser, le plus vite possible, sans se retourner, entre les troncs qui jaillissaient de l'ombre, de bondir à l'aveuglette par-dessus les buissons, les rochers, de sentir sous nos pieds le tapis moelleux des mousses silencieuses. Nous étions de superbes guerriers, rapides et vifs entre les arbres, invisibles dans la nuit fraîche. Le cœur battait plus vite encore que de coutume, une pulsation rapide de jeune sang vigoureux, de sang nourri de petites peurs et de grands projets. Lorsqu'il nous paraissait que nous étions assez loin, on s'arrêtait, un à un, et on faisait le compte, pour voir qui on avait perdu en route. C'était toujours Magda qui, effrayée, s'arrêtait à la lisière du bois et revenait penaude se rasseoir avec les adultes. Nous rejoignions à pas lents le grand cèdre dont les lumignons dansaient à travers les branches, et les rires puissants des parents nous guidaient, rassurants à présent, vers la lumière chaleureuse des flammes tremblotantes. Épuisés d'avoir avalé le vent toute la journée, grisés par cette ultime course, nous grelottions, maintenant que la chaleur du soleil, qui semblait avoir nimbé notre peau d'une vapeur dorée, était aspirée par le halo métallique de la lune. Nous traversions bien vite la pelouse argentée vers les fenêtres illuminées de la Maison, nous montions lentement l'escalier, et regagnions nos lits respectifs, en bâillant un « bonne nuit » à peine conscient.

Parfois, nous n'allions pas tout de suite nous coucher. Cette odeur de soleil, ces peaux graisseuses et ces regards fatigués, ces petites voix rauques dans la nuit du grenier où nous nous réunissions certains soirs après les parties de cache-cache, ont imprégné à jamais pour moi la mansarde. Nous prenions place sur le plancher aux lattes grossières et poussiéreuses, dans l'interstice desquelles couraient de petits termites, et Klaus et Aleksander, toujours pour se faire remarquer, trouvaient chaque fois le moyen de se percher sur des coffres ou des malles qui gémissaient alors horriblement. Une fois même, l'une s'était crevée sous l'auguste fessier de Klaus, et ses bouclettes brunes s'étaient enfoncées dans un nuage de poussière alors que nous éclations en rires un peu terrifiés.

Dans le grenier, la parole se déliait. Le plus drôle, c'est que je n'ai aucune idée de ce que nous pouvions bien nous raconter pendant nos chuchotements fébriles, le soir, à la lueur d'une lampe de poche qu'on calait entre deux grosses boîtes à chapeaux. Nous parlions, et tous en même temps, pour nous relater l'année écoulée je suppose, tous les exploits de cour de récréation, les garçons dont les cousines s'étaient entichées, les punitions fièrement récoltées par Klaus et Aleksander comme si elles constituaient autant de preuves de leur virilité. L'obscurité du grenier, les grandes ombres projetées par le faisceau orangé de la lampe, les empilements de cartons et de valises que nous devinions dans la pénombre, et tous les petits bruits furtifs de la nuit, stimulaient notre imagination, excitaient une certaine peur chez nous. Nous tentions de la camoufler aux autres en parlant très vite et sans laisser de place au silence, si effrayant.

Parfois, un craquement dans la charpente au-dessus de nos têtes ou la course d'une souris dans le fond du grenier nous faisaient sursauter ; nous demeurions là, haletants, à nous épier, jusqu'à ce que l'un de nous identifie le bruit et rassure les autres. C'était souvent ainsi que commençaient les concours d'histoires d'épouvante de Klaus et d'Aleksander. Harriett et moi nous débrouillions plutôt bien dans notre genre, mais nos histoires faisaient moins peur puisqu'elles se teintaient toujours un peu de merveilleux et d'invraisemblance. Celle qui avait, contre toute attente, développé un véritable talent en la matière, c'était Magda. Consciente que sa chevelure pâle et ses grands cernes bleutés la faisaient ressembler à une jeune mariée victorienne, elle prenait une voix blanche, inclinait un peu le visage vers une épaule, et ouvrait de grands yeux vides en expliquant comment ses quatre enfants avaient été retrouvés morts dans le lac, ou comment elle avait entendu des gémissements tout au fond d'un puits trouble. C'était elle la plus effrayante. Elle prétendait parfois avoir vécu il y a bien longtemps, et être une réincarnation venue venger son ancienne mort, forcément atroce et injuste. Quand Harriett se mettait à chiffonner sa chemise de nuit et à se tortiller, peu fière, en ramenant ses genoux contre elle, Louisa réclamait d'une voix forte la cessation immédiate des histoires. Les garçons soupiraient, cela finissait généralement en engueulade chuchotée furieusement, et nous repartions tous dans nos chambres, moi ayant la charge d'une Harriett complètement livide qui se mettait à bondir à chaque grincement de l'escalier.

En vérité, maintenant que j'y repense, je ne crois pas que les journées étaient si libres que cela. Les heures passées dans les bois me paraissent avoir duré une éternité, pétrifiées dans la lumière d'été. Le temps rampait sur la mousse sèche au pied des grands arbres. Il me semble pourtant que nous étions parfois réquisitionnés pour diverses tâches dans la Maison, porter un panier de linge jusqu'à la buanderie, aider Petite Mère à l'étendre, avec les immenses draps qui claquaient tout vaporeux contre le ciel bleu. Je me laissais enivrer par l'odeur de propre, de lavande pâle, une odeur de savon qui glisse entre les doigts sur le blanc immaculé du lavabo. Aleksander et Klaus s'esquivaient habilement, mais les cousines, trop lentes, nous perdaient toujours. On devait dévaler l'allée pour chercher le courrier, dans la boîte aux lettres pleine de blattes tapies dans l'ombre, et enfoncer la main dans cette bouche ténébreuse et grinçante, pour en retirer, le plus souvent, une lettre de la grand-tante Babel qui nous assurait que ses bains au bord de la mer lui faisaient un bien fou. Elle partait en cure les deux mois d'été et trois mois l'hiver, avant de ne plus pouvoir se déplacer autant, vers la fin. On la soupçonnait de vouloir fuir la famille réunie pendant les vacances. Elle en avait connu, pourtant, des réceptions. Du monde, de la foule clinquante et raffinée, des rires scintillant sous les lustres et des éclats de perles disséminés sur la traîne des robes. Babel revenait des bains encore plus lasse qu'à son départ, ce qui nous confortait dans l'idée qu'elle y partait juste pour s'isoler dans une grande chambre, au frais, à l'hôtel. Elle nous a toujours fuis, et elle a toujours fui la Maison, avant d'être obligée d'y rester un peu plus, dans ses dernières années. Babel était pour moi, malgré toute l'affection que j'éprouvais pour cette vieille délurée qui exigeait du champagne à chaque repas, l'archétype même du renoncement. Renoncement à ses terres, à sa forêt, à sa famille. Je ne comprenais pas qu'on eût pu préférer toute sa vie les salles de bal au velouté des bois tapissés de mousse.

Ce glissement vers Babel... Ce n'est pas à elle que je veux penser, mais aux étés d'enfant à la Maison, voilà, ça je veux le revivre, pas la décrépitude d'une dame en pelisse qui me renvoie inévitablement à ma propre sénilité. Ma sénilité, oui, il faut le dire, j'ai mal au dos, le fauteuil est rêche, les pantoufles trop serrées. On était jeunes, on courait partout, avant. Ça leur était bien utile, aux adultes, d'avoir cette petite armée de servants à réquisitionner. Nous, on s'en fichait pas mal des nouvelles de la grand-tante Babel. Elle se noyait dans l'inquiétude ensoleillée de la journée. Car il fallait aussi cueillir les tomates cerises et les framboises, mettre le couvert, et cette irruption du réel, du contingent, du trivial presque, dans nos rêveries enfantines nous paraissait une insulte à notre univers sauvage et mystique, peuplé de chimères chamaniques. Que nous importaient les plis de la nappe, le respect de l'heure, les plantes à arroser, les miettes sur la table, quand nous avions un royaume entre les branches, un peuple de fourmis martiales aux abdomens luisants courant le long des troncs, des gouffres d'ombre sous les racines et des gemmes enfouies dans le lichen ? Le verger ne nous intéressait plus, en été. C'était comme si le jardin, dont nous avions tant pris soin au printemps, alors que nous guettions, mes sœurs et moi, chaque bourgeon sous les feuilles perlées de pluie, devait maintenant se soumettre au flamboiement des brises chaudes. Les fleurs sont belles à la sortie de l'hiver, toutes frêles et vives dans l'herbe bleue, mais elles sèchent et se racornissent sous le soleil d'été, perdent tout éclat, ne sont plus que de vagues moutonnements égarés dans la pelouse, bourdonnant de centaines d'abeilles et de bourdons, si importuns quand on court dans les fourrés. Plus de place à l'ornement docile des pétales fragiles ; l'été est le temps de l'aventure, de l'ombre au parfum de résine, des framboises écrasées sur la pulpe des doigts, grignotées en équilibre entre les branches, le dos chatouillé par les feuilles.

Et puis il y avait la semaine de Grand Blanc. C'était toujours début août, là où la chaleur est la plus vivace, étrangement. Il s'agissait de la semaine durant laquelle, tous les ans, la famille entière se mobilisait pour repeindre les façades de la Maison, que la brume glacée d'automne, les neiges d'hiver et les averses de printemps avaient décolorées toute l'année. Les longues planches des murs se trouvaient affadies, jaunies, voire complètement écaillées quand les branches des arbres les raclaient. C'était le pacte familial : en été, tout le monde revenait écouler des jours lumineux dans la Maison, mais, en contrepartie, tous devaient nous aider à l'entretenir durant ces quelques jours de restauration. Le soir d'ouverture de la semaine de Grand Blanc se passait toujours de la même manière. Petit Père se levait lentement de sa chaise, vers la fin du repas, et déclarait la semaine ouverte. Nous applaudissions, même si nous savions tous, en notre for intérieur, que cette semaine était toujours la plus accablante de l'été. Non pas que repeindre les murs fût en soi une tâche désagréable, loin de là, il y avait même une certaine satisfaction à voir le blanc neuf et brillant recouvrir l'écru passé. Mais la chaleur écrasante, le temps de jeu réduit à néant, la fréquentation constante des adultes dans cette tâche intergénérationnelle rendaient l'exercice pénible. Il ne fallait pas faire tomber les pots emplis de peinture fraîche, à l'odeur si entêtante, ni notre pinceau, ni une échelle, ni un échafaudage ; la peinture devait être uniforme et bien lisse, les gouttes devaient être brossées dans le sens de la planche, en respectant les anfractuosités du bois ; il fallait signaler toute lézarde suspecte, toute trace de termite ou de pourriture, et s'arrêter pour boire régulièrement. Je me souviens qu'il me semblait insultant de voir ainsi Petite Mère, une vraie peintre, elle, badigeonner la façade avec cette grosse brosse plate. C'était un travail pour les autres, du moins cela aurait dû l'être. Pour Bertie, rouge avec ses grosses épaules suantes courbées sur l'échafaudage, pour sa femme Suzy, si douce et minutieuse et effacée, ou pour tante Hilde, si appliquée, qui peignait sans un sourire, en serrant les dents, parce qu'elle aurait déjà voulu vendre à l'époque, mais personne ne le savait encore. Tout le monde pensait que ce moment de peinture était, en vérité, une façon de plus de communier, de se retrouver ensemble dans une tâche simple et constructive, permettant de maintenir la Maison en état. Tout le monde participait, c'est vrai, à sa manière. Les plus jeunes approvisionnaient toujours le stand de citronnade, placé au bas des échafaudages que Petit Père et oncle Bertie montaient chaque matin à l'aube, devant la façade que nous décidions de peindre ce jour-là. On progressait ainsi autour de la Maison, lentement, pan par pan. Les enfants, donc, étaient chargés de préparer les sandwiches pour les travailleurs. Il fallait constamment remplir le bac à glaçons, car tout fondait tellement vite au soleil, avec la réverbération des planches immaculées. La fraîcheur du citron qui éclate en bulles glacées contre le palais, le léger tintement des glaçons contre le verre, le parfum entêtant de la peinture, tout faisait tournoyer le ciel dans une étrange spirale d'azur laqué et de blanc translucide. Le vert vif de l'herbe, qui éclaboussait les pieds et chatouillait les yeux, donnait envie de s'y allonger, de se renverser pour contempler les cimes, pendant des heures. Il n'y a rien de tel pour se sentir vivre que de presser son dos contre la terre, et de laisser les tiges venues des entrailles du monde s'entremêler aux cheveux, nos doigts enfoncés dans la chair friable de l'écorce des choses.

Mais encore une fois ce n'est déjà plus l'enfant qui parle. Il ne reste plus rien de celle que j'étais il y a soixante-dix, soixante-quinze ans. Le plus dur est d'admettre que je n'ai rien fait pour tant changer. C'est le temps qui altère l'homme qui se laisse éroder comme la berge par le ruisseau. Me suis-je laissé polir ? Qu'ai-je oublié, que ressentais-je, moi, si semblable et pourtant si incontestablement autre, alors que je basculais dans l'herbe pour laisser couler le ciel dans mes yeux ? Je me souviens d'avoir désiré que le bleu du ciel imprègne tant mes iris qu'ils en deviendraient tout azurés, tout lumineux de soleil, et je m'aveuglais en vain, noyant désespérément mes pupilles d'éther incandescent.

Ces mains caressaient les troncs moussus des pins du bois, ces pieds couraient agiles et fiévreux entre les buissons. Ce ne sont plus les mêmes mains, ce ne sont plus les mêmes pieds. Tout contraints dans des pantoufles, engoncés dans des mocassins, pétrifiés par l'inaction. Vieillir, n'est-ce pas troquer son être vivant pour un être préparé à mourir ? Échanger le fluide vital, les idées folles, l'ivresse du monde, contre une douce langueur, un cocon de morphine, salutaire et lénifiant ? Et pourtant je le sais bien, moi, qu'il y a de nombreuses années que je ne courais plus, et que la Maison était devenue un calvaire, l'écrin de ma douleur, de ma solitude, et que les rayons du printemps ne réchauffaient plus qu'à peine les parquets glacés par les longs hivers. Qu'y ferais-je, si j'y étais encore ? Ne plus arpenter ces couloirs chéris qu'à pas traînants, n'apercevoir le bois que de loin et par les fenêtres, n'ayant plus la force de m'y aventurer, de m'y perdre, et donc ne plus me sentir que partiellement chez moi, n'est-ce pas cela la véritable mort ?

On me dit de parler moins fort, oui d'accord, on n'entend que moi depuis l'autre bout du corridor, oui, bon, les autres pensionnaires eh bien ça les dérange, faut comprendre, c'est l'heure de la sieste. Mais les infirmiers ne connaissent pas la Maison, et puis ils sont jeunes. Quand le présent est douloureux et le futur macabre, il est évident que l'on cherche en nous le chemin du passé, que l'on s'immobilise la conscience à rebours du temps qui passe. Ne demandez pas aux vieillards de se réjouir de la nuit qui tombe.

Les soirs d'été… Le murmure des grillons qui s'élève au creux de l'herbe ondoyante… Sentir le vent léger monter des sapins plongés dans l'ombre, avec le ciel qui se teinte peu à peu d'indigo, une seule goutte d'eau et un pinceau imbibé d'outremer pour que le pigment violacé se diffuse en veines liquides sur le papier blanc…

On s'asseyait sur le perron fraîchement repeint, devant la véranda, avec le jardin qui descendait en pente douce vers le verger. On regardait la cime des arbres se découper de plus en plus noire sur le ciel mordoré. À l'intérieur, les casseroles s'entrechoquaient, on préparait le repas, on s'affairait, la voix ferme et grave de tante Hilde s'enroulait autour de celle, chantante, de Petite Mère. Louisa et les cousines se changeaient en haut, elles enlevaient leurs vêtements poussiéreux de la journée pour se rafraîchir et se plonger dans le coton d'une robe légère, claire dans l'air du soir. Harriett et moi étendions nos jambes picotées par les tiges taquines, et nos chevelures renversées sur le bois du perron entremêlaient leurs reflets châtains.

Je ne me souviens pas de son visage d'enfant. Je suppose que c'est normal. Il y a les photos, bien sûr, et les tableaux de Petite Mère. Mais elle transformait tout, et je lui en veux un peu. Elle déformait en boucles de gouache les traits nets de nos jeunesses. Je me souviens juste de la présence des autres, de la chaleur de petit animal de Harriett. Comme je me sentais pleine et entière avec son petit bras frôlant le mien, son crâne lourdement pressé sur mon épaule. Je la repoussais, elle m'écrasait les veines, je disais. Je vois encore ses mouvements de fille, mais elle, tout entière, a été remplacée par son image grandie, la dernière que j'ai d'elle, de femme. Je n'arrive plus à me rappeler les anciens visages, mais cela n'a rien à voir avec la vieillesse. J'avais déjà constaté ça à l'adolescence, et ça m'avait profondément troublée. J'avais remarqué que Harriett n'avait plus son visage de petite enfant alors que je feuilletais les albums photo. Je m'étais rendu compte de combien elle avait grandi, sans que je m'en aperçoive, puisque nous vivions tout le temps ensemble, que nous riions des mêmes choses, que nous voyions presque toujours simultanément le même morceau de monde. Je lui montrais un lézard qui s'enfuyait entre les brindilles, et nos regards se confondaient dans la zébrure verdoyante de ce petit reptile fugace. J'aurais voulu la conserver à jamais, cette ombre sans cesse fondue dans la mienne, cette main que je trouvais spontanément aussitôt que je la cherchais, ces querelles de sœurs, de gamines trop heureuses de s'avoir pour le comprendre. On se disputait pour à peu près tout. Ce n'était pas pareil qu'avec les cousins, ou même avec Louisa ou Klaus. Ils étaient plus grands. Ils ne comprenaient déjà plus nos jeux ou nos étonnements, du moins plus complètement. Je les admirais ou les enviais plus qu'autre chose, ou je les détestais parce qu'ils grandissaient et allaient partir. Harriett, c'était mon ancrage dans l'enfance, et donc dans la Maison. C'étaient nos lits de bois côte à côte et nos volets par lesquels filtrait la lumière du jour, nos projets murmurés à la lueur grésillante de la lampe de chevet, nos regards complices à table… Oui, son regard, en revanche, je m'en souviens parfaitement. Deux grands yeux sérieux, couleur de lac d'automne, avec les paillettes sourdes qui luisent au fond, comme deux pièces de monnaie enfouies sous la vase et dont l'éclat parviendrait à la surface en tremblotant, altéré par les ronds dans l'eau.

On n'allait jamais au lac, enfants. Je crois que nous ne connaissions pas encore son existence. Un été, on a appris que Klaus et Aleksander s'y rendaient chaque matin pour y jeter des cailloux, et cela nous a semblé honteux qu'ils ne nous en aient pas parlé. Moi, toujours levée si tôt et qui attendais dans la cuisine que la brume matinale se dissipe, je ne les avais pourtant jamais surpris. Je me sentis trahie par Klaus, qui avait annoncé ça fièrement à table alors que Bertie nous plaisantait sur les endroits que lui, enfant, avait explorés dans le jardin et pas nous. « On avait un lac secret », avait raconté oncle Bertie. « Tu te souviens ? » avait-il lancé à Petit Père, qui avait secoué la tête en souriant un peu, roulant des yeux menaçants dans notre direction. « Où ça ? » nous étions-nous écriées, Harriett, Louisa, les cousines et moi. Voilà, le scandale avait éclaté, et le visage du jardin en serait à jamais modifié pour nous. « Nous on sait », avait dit Aleksander. Le lac n'était plus vraiment sur la propriété, il avait été racheté par la mairie un siècle plus tôt, pour que les pêcheurs du coin puissent y enfoncer leurs lignes. Pour y accéder depuis chez nous, il fallait passer sous les franges bleues du saule en bordure du verger, tout au fond, puis crapahuter dans les buissons épineux, et enfin sauter un fossé assez profond au creux duquel s'entrecroisaient les joncs et les longues herbes argentées des berges. Les fourrés soyeux bruissaient du piétinement des poules d'eau et des grenouilles, et les moustiques y pullulaient. Pendues à ses explications, nous étions stupéfaites. C'était comme si l'on avait découvert les ruines d'un temple mythologique au fond du jardin, comme si tout à coup la porte de nouveaux possibles s'ouvrait, de nouveaux jeux au bord de l'eau, des histoires fantastiques à inventer, avec des chants de dryades et des envoûtements de sirènes. « On peut s'y baigner ? » avait aussitôt hululé Magda. « Oui, si tu aimes les anguilles », avait rétorqué oncle Bertie d'un air féroce, pinçant les joues de sa fille. « Je m'en fiche, je veux y aller », avait décrété Harriett, aussi indignée que moi. Petite Mère s'était étonnée, « tu ne m'y as jamais emmenée », et Petit Père de rougir, « c'est que je n'aime pas beaucoup cet endroit ». Alors ils ont raconté la vieille histoire, ou plutôt Bertie s'est fait un plaisir de raconter : dans ce lac, on avait retrouvé un cadavre quand ils étaient petits. Les gendarmes étaient venus repêcher une gorgone terrible avec des herbes aquatiques enroulées tout autour de sa gorge, comme si elle s'était fait étrangler par le fond du lac. Une voisine, que son mari avait traînée par les cheveux jusqu'à l'étang. Petit Père avait l'air horrifié alors que Bertie racontait cette histoire comme une bonne blague. Harriett, le menton posé sur son poing – comme je l'imagine bien –, regardait fascinée la grosse face rougeaude de Bertie imitant le visage défiguré par un cri silencieux, celui de la gorgone, la noyée de l'étang aux nénuphars.

Il me semble que nous avons basculé dans l'adolescence peu de temps après cette révélation, par je ne sais quelle bizarrerie temporelle, je ne sais quelle passerelle entre la surface du lac et la surface du temps. Toujours est-il que, l'été d'après, nous n'avons presque pas mis un pied dans la forêt. Nous passions tout notre temps au lac. Klaus avait invité des étrangers, des amis du Collège, avait-il dit, de jeunes dégingandés aux cheveux fous qui fumaient tous d'un air inspiré. Klaus a arrêté de se cacher à ce moment-là, il s'est mis à fumer devant les parents, avec ses amis, et je leur en voulais parce qu'ils ne semblaient même pas étonnés. Petit Père lui avait juste tapé sur l'épaule comme s'il reconnaissait maintenant en lui une certaine maturité. « Ne touche pas à l'alcool, en revanche », disait Petit Père en coulant un regard appuyé vers Bertie et ses joues incarnadines, quand il remontait de la cave où il était allé « vérifier les stocks ». Nous savions tous que Bertie avait un problème, mais cela faisait partie du personnage, le bon vivant, le trublion, le grand dévoreur de chair. Nous le laissions tranquille, sans doute à tort, n'est-ce pas, les ogres ne font jamais de vieux os, ils font bien rire tout le monde aux repas de famille et puis ils disparaissent, et personne n'est surpris, mais le rire manque cruellement.

L'été où les amis de Klaus sont venus, donc – je devais avoir douze ou treize ans –, a marqué notre entrée dans un monde plus tourmenté. Déjà parce que cette irruption dans notre vie commune, notre repaire secret au fond des pins, notre Maison familiale, d'une bande de jeunes qui ne partageaient rien avec notre passé, modifia nos rapports à tous, d'une façon à peine perceptible. Ils étaient trois ou quatre, je me souviens tout particulièrement d'un petit blond aux boucles courtes, Paulus, qui avait un air de gentil garçon, toujours prêt à aider, mais avec dans le fond des yeux une lueur espiègle qui ne m'inspirait pas confiance. Il y avait aussi Lukas, grand échalas aux cheveux de paille mûre, avec un long nez un peu pointu et une classe folle, toujours la main dans une poche, avec des pantalons tellement nets qu'on se demandait avec les cousines s'il ne repassait pas la nuit, en secret, quand la Maison dormait. J'ai perdu le nom des deux autres ; toujours est-il qu'il y avait un brun trapu et ombrageux qui trépignait toujours comme un cheval de course, et un roux à la peau constellée d'étoiles blondes, très discret. Évidemment, l'excitation qui précéda leur arrivée dans la Maison était décuplée par la promesse faite par Klaus qu'ils étaient « beaux, brillants et cultivés ». Louisa et les cousines se pâmaient déjà. Elles demandaient des descriptions, des notes sur leur caractère, et choisissaient presque à l'avance leur amour de vacances, se disputant des privilèges, échafaudant des plans. Magda semblait la plus rodée, on ne savait comment. Elle avait dû sortir avec un garçon pendant l'année, et se sentait plus femme que jamais, du haut de ses seize ans. Je me mis à regarder Louisa avec méfiance. Je savais qu'elle avait tout pour réussir contre les cousines. Elle avait développé au cours de l'année une beauté piquante et altière qui la distinguait. Louisa avait ce nez divin que toute la famille lui enviait, un nez droit et court, volontaire et noble, sans la bosse et le bout pointu que nous nous traînions tous. Ses yeux étaient d'un vert plus lumineux que les nôtres, et ses cheveux n'étaient pas ternes comme les miens, mais d'un châtain melliflu en boucles serrées. Elle savait adopter cet air dégagé quand elle se sentait observée, et son allure nonchalante et ses yeux qui, en fouillant l'horizon, s'arrangeaient pour capter la lumière et ainsi exploser de jade et d'or, étaient autant de signes annonciateurs du danger qui approchait sous le nom des quatre amis de Klaus. Harriett et moi, encore enfants, ou plutôt encore plongées dans l'ingratitude physique de cet entre-deux (quoique Harriett fût toujours aussi adorable cet été-là), sentions la menace gronder comme un orage qui tambourine au fond de la campagne, très loin, et qui tend l'air d'invisibles filaments électriques. Si bien qu'avant même qu'ils ne mettent un seul mocassin dans la Maison, nous les haïssions déjà, a contrario de la Maison entière qui se parait de fête et de fraîcheur pour l'arrivée de cette jeunesse revitalisante.

Je me souviens de cet été comme d'une lézarde flamboyante dans le vert vif des saules, dont les feuilles délicates ridaient la surface de l'étang, à chaque souffle de vent. Nous nous laissions couler le long de la berge herbeuse, abandonnant nos robes dans le creux des racines épaisses, et nous glissions dans cette eau terne parcourue, par frissons, de paillettes d'or. Cela sentait la vase, et l'on ne pouvait couler deux brasses sans que nos doigts ne s'entremêlent partout aux tiges des nénuphars, aux filaments visqueux des plantes aquatiques qui ondoyaient sous nos pieds, dans l'ombre glauque. Les araignées d'eau fusaient par saccades en valses sales sur la surface, et les rives où nichaient les poules d'eau et les grenouilles bruissaient par moments de froissements inquiétants. Nous étions silencieux dans la touffeur émeraude de l'étang, pâmés au soleil avec les gouttelettes d'eau brune qui ruisselaient sur nos bras dorés, quand on séchait sur le ponton. Vénéneux, les invités bourdonnaient avec leurs voix graves de jeunes adultes, et leurs regards s'arrêtaient longuement sur les jambes blanches des cousines et de Louisa. Harriett et moi les épiions les épier, et la tension qui circulait entre nos yeux scrutateurs faisait planer un air lourd de soir chaud sur tout le lac. Les filles rivalisaient d'ingéniosité pour attirer l'attention des plus charismatiques, Paulus et Lukas, et se baissaient lentement, sans un mot, pour ramasser leur serviette, ou déroulaient habilement leur lourde chevelure gorgée d'eau au creux de leurs reins, quand elles s'enfonçaient dans les bouquets de saules. Les garçons, fascinés, éclataient en ricanements nerveux et détournaient leurs regards coupables. Sous le soleil dur des après-midi chaudes, nous les haïssions.

Ils logeaient tous dans le grenier de Klaus et, pour l'occasion, Aleksander aussi y avait migré, dans l'émulation virile exaltée par la troupe de mon frère. Le soir, on les entendait hurler de rire comme des hyènes. Nous devinions, aux effluves charriés par leur haleine du matin, les flasques d'alcool qu'ils dissimulaient dans les malles du grenier. Ils passaient la moitié de la nuit à se saouler au sommet de notre Maison, à souiller nos parquets de leurs pieds sales, à renverser les guéridons en titubant vers les toilettes dans le silence de notre sommeil. Les adultes ne disaient rien, continuaient leur routine estivale ; même tante Hilde atténuait la réprobation de son œil gris afin que les disputes n'éclatent point.

J'en voulus à Klaus tout l'été. À l'automne, je lui en voulais encore. Il ne s'en apercevait même pas, il n'était déjà plus beaucoup avec nous. Ses études au Conservatoire lui grignotaient le cœur, et il devenait, tranquillement, dans la tiédeur du grenier, le meilleur trompettiste de sa génération. J'entendais parfois, en passant le soir devant la chambre des parents, des murmures inquiets. Klaus était plus brillant que jamais et, en même temps, insaisissable, auréolé d'un éclat qui nous dépassait complètement.

Le comportement de Louisa durant cet été m'avait déçue également. Je la boudais avec davantage de facilité, n'ayant pas beaucoup à forcer ma nature pour la dédaigner. Mais, tout en ne la comprenant pas, je l'admirais aussi beaucoup, elle dont la peau veloutée accrochait si bien les dorures du jour. Quand les grandes lianes molles du désir glissèrent sur ma peau, à l'adolescence, je voulus lui ressembler, pour séduire et aimer ses hommes.

L'été de mes quatorze ans, je crois, fut le premier où je me languis d'être une enfant. Harriett me fit remarquer, à la mi-juillet, que nous n'avions pas encore construit de cabane. J'eus honte. Je ne m'en étais pas aperçue et, bien pire, je n'en éprouvais aucunement l'envie. Un peu confuse, je la suivis néanmoins dans les bois, pour que son enthousiasme d'enfant ne se ternisse point, et pour qu'elle me rende le mien à nouveau. Elle sautillait entre les sapins, comme moi les étés précédents, avec cette légèreté insouciante de petite fée. J'avais déjà des lourdeurs de femme, alanguie par l'insidieuse chaleur. Je n'aspirais plus qu'à rester à l'intérieur. Je ne m'avouais qu'à moitié ce changement, je crus que ma santé avait faibli, que mes muscles s'étaient atrophiés pendant l'hiver. Je tentais de m'expliquer ce phénomène par une quelconque affection dont l'étrangeté ou la rareté m'auraient sauvée de la honte qui m'envahissait. Cette honte d'avoir changé me fit prétendre, pendant de longues journées, être encore la même, pour Harriett. Je le lui devais. Ç'avait toujours été elle et moi dans ce monde, nos pieds agiles sur le tapis d'épines bleues, nos effrois à la nuit tombante, nos murmures rêveurs dans la chambre aux volets clos. Je crus avoir attrapé le caractère de Louisa. Mes songes s'étaient peuplés, depuis le printemps, de beaux garçons qui ressemblaient un peu à Paulus ou à tel obscur quidam de ma classe. De fait, l'intrusion des amis de Klaus à la Maison avait eu des effets plus profonds que ce que je pensais, intimes, à retardement. Ces épaules de garçons nues, ce duvet sur leur poitrine encore jeune, ces rires éclatants avaient introduit un appétit de l'autre qui devenait dévorant, à présent. Je compris, avec horreur, que je ne pouvais plus me satisfaire de ce qui avait rendu mon enfance si lumineuse. Je déclinais de plus en plus les propositions de jeu de Harriett. Avec angoisse, elle sondait mon visage de ses grands yeux sombres. La déception terrible que je lisais dans ses prunelles me déchirait. Je reconnus le regard que nous jetions toutes deux sur Louisa qui gloussait à table avec Lukas, pâmée de rire dans l'air du soir, l'été d'avant.

Pour fuir ce regard, j'évitais Harriett. Je me levais bien avant elle et montais lire dans le grenier. Sa petite voix criait mon prénom toute la matinée. Au déjeuner, nos épaules ne se touchaient plus. Elle mangeait à peine, recroquevillée sur sa chaise, déçue, déçue, déçue.

Ce furent des étés gâchés, entre quatorze et dix-sept ans. J'étais pleine de rancœur et de fantaisies amères. J'enviais Louisa exhalant avec désinvolture un délicieux parfum d'herbe froissée. Un jour, je me faufilai dans sa chambre, fouillai la commode. Je vaporisai une bouffée de fragrance au creux de mon poignet. Mais je ne sentais pas pareil. Je portais dans ma chair les stigmates des nymphes, les impatiences de toutes les vierges sylvestres et lacustres. J'aurais voulu sentir sur ma peau le brasier de mille pierreries, respirer d'un souffle précipité le jasmin d'un palais oriental, m'évanouir dans les bras de mille sultans et bandits.

Toute la journée, je cherchais l'ombre de la mansarde pour rêvasser à loisir. Le livre me glissait des mains. J'imaginais de mystérieux inconnus, que je trouverais étendus au bord de l'étang dans la lumière liquide des jours langoureux. Je sentais leurs lèvres se poser sur les miennes, dans mille scénarios autour de la Maison, tantôt entre les pommiers du verger, les saules du lac, les sapins bleus du bois.

Tétanisée, je ne descendais jamais au village. Louisa disparaissait tout le temps hors de la Maison ; je la devinais, avec une envie dévorante, noyant ses yeux dans ceux de blonds éphèbes des champs. Klaus n'avait pas ramené ses amis. J'aurais tout donné pour revoir Paulus. Mon désir flou et sans objet s'était porté au hasard sur lui, sans espoir, une fantaisie renforcée par son caractère impossible. Je ne devais sans doute jamais le revoir, et je le désirais terriblement. Je l'idéalisais, l'été dernier me semblait loin. Je lui prêtais des mâchoires plus carrées, des épaules plus larges, des bras dorés et musculeux. Louisa rentrait le soir. Je humais discrètement son sillage, je détaillais, avec angoisse, son visage impassible et tranquille. J'étais sûre qu'elle s'était roulée dans le foin avec n'importe quel garçon du coin, je fouillais ses cheveux du regard avec la crainte d'y découvrir une brindille. Elle disait toujours qu'elle était allée voir ses amies du bourg. J'en aurais pleuré.

Je me mis à scruter les chairs. Celle, rose et pleine, de Suzy, si molle sous la main furtive d'oncle Bertie, qui lui empoignait les hanches au détour des couloirs. La silhouette fine et nerveuse d'Aleksander, les contours aiguisés de ses épaules, les veines blondes sur ses avant-bras. Avait-il déjà connu une fille ? Et Klaus ? Pour sûr ils devaient plaire. Klaus, surtout. Si j'étais un garçon, serais-je plus beau que lui, comme lui ? Rencontrerais-je jamais quelqu'un ? Je me torturais l'esprit, le soir dans mon lit à côté de Harriett, qui dormait profondément, épuisée par ses courses d'enfant. Je l'enviais. J'aurais voulu qu'elle reste à jamais petite, qu'elle ne soit jamais touchée par mon mal étrange.

La sueur des peaux collantes, les lourds parfums des cousines, les cheveux follets dans la nuque humide, je remarquais tout. Une nuit, je me relevai pour aller prendre un verre d'eau. Je passai devant la chambre de Suzy et Bertie. J'entendis, depuis la moiteur bleue du corridor, des grognements sourds et un halètement rauque de bête fauve. Des frottements de tissu, répétés, obsédants, menaçants. Puis plus rien.

Tétanisée, je n'osai bouger. Des glissements de lèvres étouffés achevèrent de me faire fuir.

Je pris l'habitude de me lever toutes les nuits. Je descendais rapidement, puis errais au rez-de-chaussée, comme un spectre de gaze bleutée dans ma robe de nuit. Je goûtais la solitude de ces heures interdites, où tout le monde dans la Maison était abandonné dans son lit. Depuis les fenêtres ouvertes de la cuisine, l'odeur entêtante des fleurs montait aux tempes, et le violet profond de la nuit chaude s'engouffrait dans la Maison. Je restais appuyée contre l'évier, suspendue au crissement des grillons, calmant mon souffle, inspirant à profondes goulées l'air immobile. Je fouillais du regard le jardin soupirant dans l'ombre. Un amant m'y attendrait peut-être, dressé tout pâle entre les arbres. Je le verrais, sourirais, sortirais en cachette de la Maison, descendrais d'un pied léger les marches chaudes du perron, et courrais me fondre dans ses bras.

Il n'y avait jamais personne.

L'apogée de cette fièvre tropicale occupa l'été de mes dix-sept ans. En explosant, elle m'apaisa. Comme un lendemain de canicule, j'en sortis étourdie et soulagée.

Louisa avait conduit les cousines, cet été-là, à une fête de village, vers la fin de juillet. Je m'étais torturé l'esprit pendant une semaine pour savoir si j'irais ou pas. Ayant essayé mes robes, aucune ne me plut, et je n'osai pas demander à Louisa de m'en prêter une. Tout faisait enfantin. Je préférai rester à la Maison plutôt que d'avoir l'air stupide. J'attendis leur retour toute la nuit, dans le silence de la cuisine. J'entendis leurs rires éperdus, vers trois heures du matin, percer la quiétude d'encre des arbres endormis. Je montai bien vite dans ma chambre avant qu'elles ne traversent le hall. Le lendemain, je m'approchai sournoisement d'elles, assoiffée par une curiosité brûlante. Elles claironnaient assez fort pour que tout le monde les entende, faisant glisser avec délectation des prénoms de garçons entre leurs lèvres rieuses. Elles avaient donc rencontré des garçons. J'espérais secrètement qu'elles les ramèneraient ici, bien loin de ma méfiance farouche d'il y a quatre ans, quand les amis de Klaus m'étaient apparus comme des envahisseurs. Je souhaitais à présent être assiégée comme une ville conquise.

Au cours de la semaine, Louisa et les cousines passèrent encore une soirée au village, puis le lendemain je vis, depuis les fenêtres du premier, se garer dans l'allée une voiture remplie de jeunes gens aux voix colorées, des garçons et des filles, ballons et paniers sous le bras. Ils passèrent sous les arbres, en cortège décadent conduit par Louisa, se dandinant en tête dans une robe courte à lames dorées. Je devinai qu'ils allaient à l'étang. Je me précipitai sur mon maillot de bain, me changeai, les mains tremblantes, vérifiant quatre fois du plat de la main si mes jambes étaient douces. Je descendis, morte de peur, et passai sous les saules, guidée par leurs cris et les bruits d'éclaboussures. Le chemin me sembla interminable, je pressai le pas comme s'ils allaient s'évanouir sous les nénuphars. Je m'accrochai aux ronces, griffai ma peau aux hautes herbes que le soleil faisait vibrer de chaleur. Chaque seconde que je perdais me semblait autant de précieux moments volés par Louisa, qui, elle, ne devait pas perdre de temps, brûlante sur le ponton, offrant son corps triomphal aux yeux de tous.

J'aperçus enfin, entre les joncs, la nappe d'eau brillante dans son écrin d'émeraude. Je m'avançai vers l'étang, où s'ébattaient les jeunes, dorés dans l'eau vert sombre. Ils s'interrompirent à mon approche. J'eus encore l'impression de briser un enchantement. Mais Louisa, d'une chaleur surprenante, me prit par le bras. « Ma sœur, Isadora. » « La plus petite ? » s'enquit un garçon. « Non, j'ai dix-sept ans », intervins-je, dans un cri un peu trop rapide.

Je passai l'après-midi avec eux. Je retrouvai, à leur contact espiègle, ma malice de petite fille, et je fus drôle, fine, à peine embarrassée. Ils me tolérèrent. Je me joignis à eux encore le lendemain, puis tous les jours qui suivirent, me servant de l'amitié d'un grand timide, Randy, au physique quelconque. Je n'avais d'yeux que pour Salem, dont Louisa semblait très proche. Je le vis ensuite enlacer Magda. Je compris que toutes étaient amoureuses de lui, et que cette joyeuse troupe n'était qu'une mise en scène déguisant le véritable intérêt du groupe : Salem.

Je ne pus jamais échanger deux mots avec lui. J'étais invisible. Je me laissai embrasser, à la fin de l'été, par Randy. Il était un peu nigaud mais, de façon surprenante, m'embrassa assez bien. Ce fut mon premier baiser, dans la douceur bleue d'une fin d'après-midi, derrière les joncs du lac. Il ne se passa rien d'autre, et, quand l'automne arriva, je ne pensais plus aux garçons. J'avais eu ce que je voulais.

Je n'ai embrassé personne depuis si longtemps. Je mourrai bientôt, et mes lèvres resteront comme vierges dans leur tombeau frais. Lointains, tous les baisers que j'ai donnés : baisers espiègles, à lèvres mordues, qui griffent les nerfs et picotent le cœur ; baisers endormis, languides dans la pénombre d'une chambre close ; baisers de retrouvailles, frais et troublés de la peur de ne pas se reconnaître tout à fait. Certaines personnes embrassent les mêmes lèvres toute leur vie et puis, finalement, ne les embrassent plus. Les lèvres familières sont comme des meubles qu'on ne voit plus, je suppose. Elles disparaissent jusqu'à ce qu'on les remarque à nouveau.

Je n'embrasserai plus personne, maintenant, il n'y aura plus les poitrines collées dans un même halètement, le baiser qui s'intensifie en un seul élan conjoint, le plongeon en eaux claires ; sous le sable chaud, la chair. Comme nous sommes tranquilles quand les années d'amour sont finies.

À partir de ce moment-là, après ce baiser, l'été devint pour moi une saison de trêve placide. Les émois du printemps se floutaient dans la chaleur écrasante à la lisière des bois ; je devenais tranquille. Je demeurais avec ma famille, m'habituant de nouveau à leurs marottes particulières, à leur visage du matin, à leur voix rauque du soir. Je me retrouvais en eux et dans les murs frais de la Maison. Je collectais patiemment les morceaux de moi que j'avais égarés pendant l'année étudiante, je reprenais mes lectures à la fenêtre, mes rêveries sans conséquence.

Je redevenais une enfant en été. C'était le temps de ma régression où, loin de la Ville et de mes amis du Collège, je replongeais dans des sensations enfantines : lécher le soleil sur sa propre peau, se couler dans les eaux froides de l'étang, fermer les paupières au creux des chants d'oiseaux, à la sieste en berceau de feuillages. Les étés de ma vingtaine furent paisibles. Je courais partout aider au jardin, au linge, et je remplaçais mes courses aventureuses de jadis par d'autres quêtes, plus quotidiennes, mais qui m'octroyaient la même liberté. J'étendais les grands draps frais en chantonnant, et le soleil traversé par le fil à linge avait quelque chose d'un bouclier antique aux bords mordus de flèches. Je me complaisais à rêver, j'arpentais tout plus sereinement, sans plus sauter, sans plus rire. Je demeurais ébahie silencieuse au spectacle du jour, à la vue des insectes aux carapaces irisées, en file lente le long du perron, ou des libellules un peu effrayantes perchées sur le ponton de l'étang. Je ne les chassais plus. J'étais seule et calme. Mes promenades devinrent de plus en plus longues. J'allais plus loin que jamais à travers le bois aux rais de lumière enchanteurs, sous les frondaisons où dansaient les paillettes du soleil tamisé. En grande robe de lin qui battait mes mollets, je traversais les clairières silencieuses, au charme de cité engloutie. Je débouchais dans les champs d'or en brins qui ondoyaient nonchalamment. Je chantonnais sans chantonner, je murmurais pour moi seule des dialogues inventés et m'interrompais quand un lézard bruissait brusquement au creux des broussailles. Le silence et le chant, voilà de quoi était fait le monde en été : le silence insolent du ciel sans nuages, le chant de la brise chaude qui s'enroule autour des oreilles, des oiseaux languides et des herbes emmêlées. Parfois, au creux d'un fossé cuivré roulait un ruisselet d'eau brune. Une grenouille y grinçait, je m'accroupissais pour la mieux voir. Il fallait toujours un certain temps pour que mes yeux s'habituent aux tons uniformément poudreux du sol, et je distinguais enfin, dans une palpitation visqueuse, la poitrine rapide du petit batracien. Une étrange fierté m'envahissait alors, une réminiscence des conquêtes enfantines, des découvertes étonnées à travers le jardin avec les cousins. Je goûtais seule la gloire d'avoir percé le secret de la nature, d'avoir rencontré une de ses discrètes créatures.

Il me manquait un compagnon. Harriett, très tôt, vers dix-sept ans, avait profité de ses étés pour découvrir le monde. Nous ne savions jamais quand elle serait là. Elle avait poursuivi notre entreprise d'aventures à plus grande échelle, et emplissait ses carnets de croquis de feuillages plus larges et plus bleus que les nôtres. Le jardin ne la satisfaisait plus. Elle ne vint bientôt plus qu'un mois à la Maison, août en général, et elle rentrait en fanfare, hâlée par des soleils plus humides. Et puis, bien sûr, elle disparut, me laissant éternellement seule.

Pour les autres, je m'y attendais. Louisa passait ses étés avec tel amoureux, telles amies, dans les maisons secondaires des uns et des autres, dans des cités balnéaires rutilantes comme de gigantesques conques échouées au couchant. Elle nous appelait avec des bruits de café et des mélodies de jazz en fond. Nous ne la comprenions qu'à peine, mais elle riait et disait que tout allait bien.

Klaus partait en tournée estivale avec l'orchestre de son École. Il jouait le soir dans des villes bruyantes où on l'adorait, et enrouait sa voix à coups de cocktails et de filles.

Les cousines, Hilde, Aleksander, et même Bertie, finirent par ne plus venir non plus. La route était longue et de plus en plus difficile, à cause des bouchons, du goudron fondu sous la chaleur, et Suzy avait les jambes lourdes. Ils ne restaient que deux semaines, pour profiter un peu du frais et du calme, mais bien vite ils s'ennuyaient. Quelque chose s'était brisé.

La trentaine approchait. Mes étés se dépeuplèrent de leurs merveilles. La Maison, dans son vernis de bois blanc, se mit à réverbérer des chaleurs de plus en plus insoutenables. Cette lourdeur du ciel électrique, que je percevais à peine enfant, ou qui du moins ne m'empêchait nullement de gambader librement, posait à présent sur mes épaules sa chape d'or liquide, une mante imbibée de poison brûlant, la morsure du soleil sur la peau. Je commençai à adopter les gémissements dolents qui m'exaspéraient jadis chez les adultes qui erraient, en pachydermes endormis, tout le jour dans la Maison. Je compris peu à peu, ou du moins ma chair ensommeillée me le fit comprendre, pourquoi les adultes ne jouaient pas avec nous, en été. Je devins lente comme eux. Ma poitrine, mes hanches qui s'étaient alourdies, mes cuisses plus épaisses étaient autant de poids sur mon squelette dégingandé, autant d'appuis sur le sol, d'ancrages dans la terre. Je n'aurais plus pu courir à poumons perdus sous les branches basses des sapins. J'entrais lourdement dans l'eau, aba-sourdie par la chaleur, hypnotisée par le remous frais de l'étang, ne cherchant plus que ses bras glacés m'enserrant lascivement. Plus de paillettes d'or qui glissent sur la surface, juste des lames de lumière dans les yeux, qui creusent la cervelle comme une fourmi bâtit son palais. Je n'observais plus, je fermais les yeux, en déri-vant doucement sur l'eau, et la rose tiédeur des paupières était traversée de légères palpitations. Tout m'éblouissait, tout m'épuisait. Je m'en retournais la peau humide sous les saules, repre-nais mes affaires en silence, à peine rafraîchie, et je rentrais dans la Maison m'affaler sur mon petit lit d'enfant clair. Je devenais lasse de l'été dès les premiers jours de juillet. Je n'arrivais plus à m'imaginer reine ou naïade, le support du monde m'était devenu muet, la chaleur anéantissait tout. Le jardin s'écrasait de soleil, s'aplanissait sous les longs aplats de jaune vibrant.

Les migraines estivales de Petite Mère se firent de plus en plus violentes après ses cin-quante ans. Il ne fallait pas faire de bruit, mais passer en glissant devant le salon plongé dans l'ombre, deviner la forme pâle alanguie sur le divan, les bras cassés par la douleur. Le tinte-ment de la cuillère contre le verre, quand je lui apportais ses décoctions, lui arrachait de ter-ribles râles. Ce n'était plus ma mère, douce et inspirée, mais une pauvre chose débile dont les pans du peignoir vaporeux se froissaient sous la crispation de ses doigts. Elle murmurait des mots sans lettres. Bientôt, il lui fallut des médecines plus fortes. Petit Père allait chercher chez le pharmacien du village tout un tas de potions qu'il fallait mélanger, doser, adoucir avec du sucre. Je redevins chamane alors. Je faisais couler entre ses lèvres de la liqueur de mort, du sommeil des sens, du trompe-la-douleur en nectar. Petit Père se lamentait et disparaissait de longues heures. Je compris qu'il aimait ma mère, et que la voir ainsi le rendait fou d'angoisse. Je le méprisais assez ; je détestais ses larmes impuissantes. Tous deux empoisonnaient la Maison de leur haleine inquiète.

Je suggérai qu'on l'emmenât à l'hôpital, ou dans une clinique de repos, où le calme et la fraîcheur la revigoreraient. Elle fut déplacée. Son état s'empira mais, au moins, la Maison reprit ses couleurs. Je rouvris en grand la véranda, laissant librement le jour glorieux éclabousser le salon, chasser les ombres, et l'air chaud effacer les relents de souffrance.

La maladie de Petite Mère me mettait mal à l'aise. Je sentais confusément qu'on ne la soignerait pas. Petit Père seul ne l'avait pas encore compris, il s'acharnait à lui rendre visite, et revenait toujours plus déconfit, plus hagard, les joues plus creuses. Tu t'épuises, Petit Père ; tu la regardes s'étioler avec un espoir qui ne lui rend pas service.

On me reprocha de ne pas assez lui rendre

visite. On formula l'accusation terrible que je lui préférais les murs de la Maison. Tous téléphonaient à Petit Père, le soir, pour savoir comment elle allait aujourd'hui. Il leur racontait sa visite à voix lasse, et je quittais la pièce discrètement. Ça ne m'intéressait pas. Ce n'était pas Petite Mère, là-bas, râlant dans une chambre morte. Pour moi Petite Mère était translucide dans la véranda, elle peignait des toiles invisibles que nous ne savions pas voir. Elle emplissait mes souvenirs avec ses bras aux parfums de fleurs, elle me souriait dans mon sommeil, elle infusait tout. Rester à la Maison, c'était rester auprès d'elle, de la vraie elle, mais ça personne ne le comprit. Louisa était venue passer l'été à la Maison, avec son mari et son petit garçon. Elle courait partout, allait deux fois par jour à la clinique, conduisait Petit Père, lui choisissait ses chemises, le plaignait, le dorlotait. Je la fuis tout l'été. Je fuyais son regard accablant d'incompréhension et de reproches. Le matin de l'enterrement, elle m'agrippa le bras dans le couloir et me fixa avec des yeux brillant de larmes. Nous ne nous comprenions pas. Nous ne nous étions jamais comprises, et ça, je l'avais peut-être toujours su.

Et puis le vent passe, balaie les cendres.

On se mit enfin à reparler de la vraie Petite Mère, pas la malade, mais la vivante du passé. Ils reproduisaient ses mimiques avec des yeux attendris, des mots joyeux. Ah ! La vérité, c'est que moi je n'avais pas attendu sa mort pour me souvenir d'elle. J'ai toujours eu le passé plus facile qu'eux. Eux, toujours trop dans la douleur du présent.

J'avais compris que le passé était la seule chose qui valait la peine que ma vie soit vécue. Moi, la Maison et nos souvenirs, nous ferions de grandes choses. Car les choses familières ne sauraient mourir.

À présent, quelqu'un devait faire les bocaux. L'on déduisit des herbiers dans ma chambre que je m'y connaissais mieux en plantes que les autres. Je fus chargée des confitures et, à cette décision tendrement impérieuse, je sentis que j'étais devenue la nouvelle maîtresse de maison. Cette tâche infime, ces prismes de verre à remplir du gluant melliflu des fruits compotés, qui revenait jadis à Petite Mère, m'incomba aussi naturellement qu'une passation de pouvoir entre un roi et son fils. Sceller les couvercles sur le trésor dormant du produit de notre terre familiale, c'était matérialiser le lien entre les sacrifices du verger à entretenir et les futurs plaisirs d'une année entière de tartines délicieuses. Le sacrifice et la récompense, toutes les matinées pénibles passées à désherber, à repeindre la Maison, à tondre la pelouse, à alimenter la réserve de bois, à nettoyer les trois étages, tout cela était adoubé par la dizaine de pots de confiture alignés sur l'étagère basse du cellier, chaque fin d'été. C'était la justification de tous nos efforts, de ce que la Maison exigeait de nous. On se disait : « Ah, quand même, on est bien heureux à la campagne, avec un jardin à soi. » Et l'on poussait des exclamations d'aise inconsciemment surjouées, à la table du petit déjeuner, suivies de petites appréciations presque pour soi : « Elle est mieux réussie que l'année dernière », « On sent bien le fruit », « Fraise ou framboise ? ».

Je ne m'arrêtais pas. Je repense à ces années avec beaucoup d'abattement, maintenant. Je cavalais de la cave au grenier. Petit Père n'était plus bon à rien, le pauvre, ses membres étaient faibles, et sa soixantaine lui était tombée entre les épaules comme un coup de pelle. La mort de Petite Mère nous avait tous secoués d'une manière différente. Elle avait rappelé aux plus vieux leur mort prochaine, et avait fait prendre conscience aux autres que bientôt il faudrait s'occuper de la Maison.

J'étais toute désignée. Je savais bien qu'un jour j'aurais seule en main le trousseau de longues clefs dorées, étrangement ornées. Je me fantasmais en chef de clan, en matrone austère en robe de tweed, sinistre et heureuse dans la solitude de son manoir. J'enviais cette situation, je lui trouvais tout le charme d'un ermitage délicieux, et je me réjouissais presque de la future disparition des chefs de famille, Petit Père, Hilde, Bertie, pour être enfin seule à déambuler gravement dans les couloirs, avec le poids des morts sur le dos.

Je voulais prouver à la famille que je m'en sortirais, que la Maison, puisque je l'aimais tant, me serait douce, conciliante, qu'elle retarderait l'altération de sa toiture, les écailles de sa peinture, qu'elle me demeurerait chaude et confortable pour le restant de mes jours.

Les premiers étés de ma solitude furent exquis, pleins d'une grâce ralentie de lumière nouvelle. La vie dans la Maison se faisait enfin à mon rythme. Je trouvais un excellent prétexte pour attirer à nouveau les Aberfletch dans cette maison. Je leur disais, vers la fin de juin, au téléphone, combien leur aide me serait précieuse pour repeindre la façade cette année, ou cueillir les fruits, un petit coup de pouce et rien d'autre, et puis le calme des bois ensoleillés et la fraîcheur turquoise de l'étang. Ils se laissaient attendrir. Je bondissais de joie, ouvrais grand les fenêtres, et je joignais mon chant à celui des petits êtres sylvestres qui grouillaient d'impatience. Je tourbillonnais, comme en enfance, dans le hall éblouissant peint de feuillages bleu passé. Je cirais la rampe de l'escalier, sortais les soupières, refaisais les lits de nos chambres d'avant. Celle des cousins, celle de Louisa, et la mansarde de Klaus. Tout sentait le linge frais, et les murs blancs riaient.

Ils arrivaient vers le début de juillet. Les voitures rutilantes, derniers modèles, venues tout droit d'une vie moderne à la Ville que je n'enviais pas le moins du monde, se rangeaient en crissant dans l'allée qui montait vers le perron, et je descendais en courant leur ouvrir la porte. Pendant une seconde, moi dedans, eux dehors, par l'encadrement du battant, était la vision la plus plaisante au monde. Ç'avait été chez nous, et maintenant ils venaient chez moi, sur mon invitation, et c'est par moi seulement qu'ils étaient autorisés à pénétrer dans notre ancien monde d'enfants terribles. Ils passaient la porte en m'embrassant gaiement, chaque année chargés de femmes, d'époux et d'enfants. Je les sacrais rois à nouveau dans le silence de mes yeux humides, tandis que je les regardais monter avec excitation notre escalier, et reprendre possession de leur royaume.

Je les suivais à pas lents, dans la sûreté de mon empire, car je savais que, si rien n'avait changé, tout s'était imprégné de mon parfum et de ma voix. La Maison était à moi, et j'étais à elle. J'avais, en prenant les clefs, imbibé les murs de mon ombre. Les étrangers familiers qui revenaient donc pénétraient dans mon cœur et rangeaient leurs valises ouvertes dans mes veines ; peut-être sans le savoir.

Je les laissais redécouvrir les lieux avec un sourire indulgent. Je comprenais leur émerveillement, et il me faisait vraiment plaisir. Ils partageaient mon domaine et l'appréciaient presque autant que moi, en ces instants d'arrivée. Ils me posaient tout un tas de questions, les bambins couraient déjà dans le corridor comme en terrain conquis, entre nos jambes d'adultes trop lourds. Eux, ils m'agaçaient avec la même question, qu'ils posaient une fois, et puis se taisaient. « Tiens, tu dors toujours dans cette chambre et ce petit lit ? » ; je fermais la porte bien vite. Il ne fallait pas parler de ma petite sœur comme d'une chose du passé, comme d'une chambre d'où l'on peut déménager. Il aurait été impensable de quitter la chambre aux lits jumeaux. Impensable de me séparer d'un seul coffre à jouets, d'une seule des peluches que Harriett serrait contre son cœur en dormant, chavirée dans le sommeil de ses six ans. Et la lampe de chevet que j'éteignais toujours trop tard à son goût. Changer de chambre, c'était laisser Harriett dormir toute seule, et craindre qu'elle ne se réveille en pleine nuit, trouve mon lit vide, et fouille l'ombre de ses grands yeux déroutés.

Ils me regardaient avec un peu de pitié, dans le silence qui suivait leur remarque. Puis je répondais simplement : « Oh, l'habitude de mon lit. » Ils respiraient, soulagés comme par l'explication rationnelle d'un phénomène naturel. Généralement, ils me laissaient tranquille avec le souvenir de Harriett pour tout l'été. Ils savaient que j'étais celle qui avait le plus souffert de sa mort, toujours trop fraîche.

Il me semblait, en observant Klaus, Aleksander, sa femme Pelen et leurs enfants Mellie et

Conrad, Louisa et son mari – Gallead à cette époque –, et le petit Kurt, profiter de leur été à la Maison, que nous pouvions refonder une famille, tricoter des souvenirs pour les enfants, aussi lumineux que les nôtres. Les cousines ne vinrent jamais. Elles restaient chez elles, avec leur mari et leurs enfants respectifs, à cuisiner des dindes au four même par temps de canicule.

Je regardais mes nièce et neveux, minuscules et criards, galoper dans le jardin, et je les enviais, comme je les enviais... Mellie était une grande enfant blonde aux yeux sages, tout débordants d'eau métallique comme ceux d'Aleksander. Elle protégeait les deux petits et les faisait courir au bout de sa main comme une laisse organique. Ce maillon d'enfants s'enroulait et se déroulait au détour du bois, annoncé par le tintement des rires de garnements. Ils revenaient du bois le soir, exténués, et ne tarissaient plus, parlaient de leurs cabanes, et les parents s'extasiaient, mais moi je demeurais sombre sur ma chaise à regarder du coin de l'œil les brindilles entremêlées dans leurs cheveux fins. Ils avaient volé mon bois, pillé ma forêt de leurs petites pattes, et ils la défiguraient de leurs hideuses cabanes, et se pensaient les premiers ! Les seuls, le pied primitif sur la terre promise, les explorateurs de l'Atlantide, les inventeurs de cités formidables ? Et l'on battait des mains, mon frère les prenait sur ses genoux en leur plaquant des bises sur les joues, Louisa s'étonnait de la dextérité de son petit Kurt, Aleksander et Pelen se regardaient, ébahis de parentalité repue. Mais avaient-ils donc tous oublié nos palais au creux des branches? Nos guerres intimes, nos camps adverses, nos stratégies et nos après-midi à charrier les lourdes cordes et les draps pour la voilure de nos vaisseaux? Ne se souvenaient-ils donc de rien? Devenir adulte signifiait-il devoir oublier notre ingéniosité d'enfant, et s'émerveiller des pâlots exploits de rejetons qui n'ont rien inventé? Je me renfrognais, j'allais chercher le plateau de fromages à la cuisine. Et leurs voix stridentes qui piaillaient moi je moi je à longueur de repas; étions-nous donc des enfants si insupportables? Des petits princes tout bouffis de conquêtes et de mépris envers ces adultes trop lourds pour nous suivre dans nos perchoirs? Je suppose que oui.

Ils vinrent cinq étés de suite. Je n'avais plus besoin de les appeler, en juin, pour savoir s'ils viendraient. C'était acquis, ils poussaient les portes tout seuls. Ce qui m'était d'abord apparu comme un partage temporaire de mon royaume me fit bientôt l'effet d'un siège déloyal. Ils vinrent avec des malles de plus en plus grosses, pour rester de plus en plus longtemps. Les enfants grandissaient, leurs parents se bouffissaient et moi, moi je n'en pouvais plus de solitude soudain brisée, de leurs levers nocturnes à ne pas savoir ce qu'ils fabriquaient, des chasses d'eau intempestives dans le silence des étages, des chaussures sales dans le hall. Ils me regardaient comme la vieille fille sans enfants qui ne comprenait rien. Ils s'imaginaient peut-être que je ne couchais avec personne, hein, que mon corps était de glace et mon ventre vide. Personne n'embêtait Klaus avec ça. Il clignait de l'œil quand on lui demandait comment se passait sa vie de célibataire, à la Ville. Une fille dans chaque salle de spectacle, bien sûr, il sous-entendait qu'entre ses draps défilaient toutes les jolies mélomanes du pays. « Les musiciens, ça a un charme irrésistible », disait mon grand frère, et je ne riais pas. Et dans mon absence de rire j'étais encore sans le vouloir l'archétype détesté ; j'aurais tant voulu qu'eux tous avec leur famille m'envient pour une fois d'être seule et libre. Klaus ne s'intéressait même pas à ma vie, je m'en apercevais, il pensait sans doute que je n'avais rien à raconter, cloîtrée dans la Maison toute l'année. Il pensait certainement que j'étais devenue peu intéressante, que je ne lisais plus, que je n'avais dans mon esprit de campagnarde que la poussée des courgettes dans le jardin. Il devait se dire que sa petite sœur, la Isadora, elle ne plairait maintenant plus à aucun de ses amis. Il devait me trouver chaque année plus laide, sans me le dire, je le voyais dans ses yeux un peu fiers quand il prenait Louisa contre son épaule, Louisa toujours fraîche et pimpante, même quand plus rien n'allait avec son mari.

Les gosses devinrent ingrats. Barbares. Leurs corps s'étaient étirés, gommant la passablement mignonne dysmorphie des petits enfants, avec leur grosse tête tressautante. Maintenant, ils ressemblaient à de petits adultes impérieux, pleins d'exigences, de lassitudes, de troubles et de querelles avec les parents. Ils investirent de plus en plus le grenier, ouvrirent les coffres, ce que je leur avais pourtant défendu de faire. Je les entendais traîner sans ménagement les malles sous les combles, avec d'affreux raclements de métal et de bois.

Arriva le fameux point de rupture. J'avais écouté sans rien dire le remue-ménage de leurs effronteries, au-dessus de nos têtes, alors que leurs parents et moi lisions vaguement dans le salon. Le boucan était terrible, des coups sourds, des rires cruels, des cris rapides d'enfants méchants. Crispée au fond du fauteuil, je scrutais les visages impassibles de mes pairs. Ils ne semblaient pas remarquer le massacre qui se jouait là-haut. Je soufflai, remuai sur mon siège, rien n'y fit. Cela se réglerait donc entre moi et les usurpateurs. Je posai mon livre sur la table basse, me levai lentement, agrippant d'une main les pans de ma robe de toile. Je passai entre les sofas, les autres ne bronchèrent pas. Une excitation nerveuse montait en moi tandis que je traversais le hall à pas légers et gravissais les degrés tortueux de l'escalier en colimaçon. Je connaissais les marches silencieuses. J'arrivai à la porte du grenier, plus discrète qu'une fouine. J'ouvris la trappe subitement. Mes yeux soudain perdus dans l'ombre eurent le temps de voir Conrad, le petit rouquin d'Aleksander et Pelen, brandissant sous le nez de sa sœur son poing serré d'où jaillissait triomphalement la fée en bois de Harriett, sa précieuse petite fée avec laquelle elle avait couru partout avant de s'en lasser. Vision d'horreur, tableau clair-obscur d'une infamie, le bras dodu que j'agrippe avec force, les pleurs, ma main qui balaie l'air en quête d'une joue, des hurlements furieux, mon frère qui nous sépare, les enfants et moi échevelés, tirés au bas du grenier. Dans le couloir blanc, silence de halètements. J'ai la poupée dans ma main. Conrad sanglote, la morve au nez. Tous, bouche bée, me regardent. Déçus. Indignés. Horrifiés. Mon murmure tranche le silence. « On ne touche pas aux affaires de Harriett. »

Ils partirent le soir même, et ne revinrent plus jamais passer d'été à la Maison.

Ils me firent comprendre, au cours des années, à coups de silences obstinés, que quelque chose n'allait pas chez moi. Que j'avais gâché la famille Aberfletch en m'accrochant à ses ombres. Que je les avais chassés de leur Maison. Pour ce qu'ils en ont fait, franchement, je me demande qui a le plus saccagé nos souvenirs. Je me le demande.

Que des gamins courent là où nous avions couru, qu'ils pillent le bois mort de nos anciennes cabanes pour en bâtir de nouvelles, qu'ils se croient les rois comme nous-mêmes avant eux, cela m'était insupportable. Ils ne savaient rien du bonheur incandescent que nous tous, Harriett, Louisa, Klaus, Aleksander, Amelia, Magda et moi, avions connu dans le bleu des sapins frais, sur la pelouse d'or où dansent les papillons malhabiles, sous le faisceau tremblant d'une lampe torche calée entre deux malles du grenier, pendant nos veillées d'été. Le bruit des grillons crevant nos cache-cache, cœur battant dans la chaleur sèche, braise de peur au fond du ventre, rebondi d'avoir bien mangé à midi. La sieste dans les chambres blanches maillées de lumière douce. La fatigue de nos jambes dorées, les cheveux fous dans la nuque, la petite main de Harriett dans la mienne. Ils ne sauraient jamais, ces enfants importuns, combien nous étions heureux, et combien leur joie me brisait le cœur, faisait renaître nos jeux inaccessibles. Comme un vieux livre dont l'encre s'abîme avec les âges, je n'arrivais déjà plus à relire nos enfances quand je regardais le jardin, presque inchangé, s'étaler dans la poussière brûlante des jours d'août. On m'a volé ma forêt, et ma Maison aux façades de bois blanc toujours à repeindre. On m'a volé mes étés d'enfant, les seuls qui valent la peine d'être vécus.

La fin de l'été. La fin des yeux plissés tout

éblouis de jaune. La fin du verre d'eau qu'on file remplir à la cuisine, en plein milieu d'un jeu, parce qu'on a avalé trop de vent en courant, et qu'il fait soif. La fin des framboises picorées au creux de la main, des grains nichés dans la molaire. La fin des heures liquides et lumineuses, de l'immortalité auguste des jours de vacances, la fin des aiguilles de sapin qui se coincent entre les orteils humides.

Le deuil d'un monde, à chaque premier septembre.

Automne

La Maison se vidait comme se retire la mer, et à la surface des meubles, des parquets, des visages, subsistait cette lumière intangible des derniers jours d'été. En filigrane demeurait, fine écume qui languit sur les sables dormants, l'été qui venait de s'écouler. Tous étaient partis. Tante Hilde et Aleksander retournaient à la Ville, oncle Bertie refluait avec toute sa troupe vers les collines douceâtres du Sud.

Le silence… Le grand vent qui agite les feuilles sèches et qui fait claquer les volets, loin, sur quelque façade désolée de la Maison. Le murmure inquiet des sapins sombres, le bois dans lequel on n'ose plus vraiment aller sans les cousins, de peur de dénaturer la magie du sanctuaire, de retrouver les cabanes vides de sens suspendues aux branches mortes.

Nous avons vécu quelques automnes seulement tous les six, avant que la santé de grand-tante Babel ne l'oblige à revenir passer la saison froide à la Maison. Ces automnes à six furent les plus troublants de mon existence, parce que nous n'étions pas habitués à un noyau si restreint. Dans le constant remous de la Maison et de ses âmes passagères, les parents occupaient un rôle très distant, nous avions une liberté presque totale, et nous nous en remettions à la tutelle bienveillante de Klaus et de Louisa. Quand nous croisions Petite Mère avec ses pinceaux, transportant un panier à linge ou une guirlande de fleurs, nous ne cherchions pas plus à savoir où elle allait qu'elle ne s'enquérait de nous. Nous cohabitions avec les adultes, les repas passaient vite, et seulement un peu après le souper nous restions au salon avec Petit Père. C'était étrange. Notre cellule familiale semblait bancale à six, l'équilibre était atrophié, comme s'il nous fallait toujours un parent plus éloigné pour nous souder tous, nous donner un centre d'intérêt convergent. Nous passions l'été dans l'agitation et la joie des retrouvailles avec la famille, et la soudaine solitude nous pesait encore plus.

Chaque automne, j'avais l'impression que la Maison mourait, qu'elle se décatissait comme la forêt tout autour, qui perdait son éclat verdoyant et ses feuilles tendres. La pluie salissait bien vite le lambris repeint pendant l'été. On restait cloîtrés, l'école reprenait, m'éloignait de la Maison, m'arrachait à ses murs bienveillants. J'étais jalouse de Petite Mère, qui pouvait demeurer bien tranquille sous la véranda, à peindre le verger dégouttant de pluie, tandis que le vent soufflait au-dehors et faisait vaciller les flammes dans la cheminée.

Je n'aimais pas l'école. Je m'y ennuyais. J'étais séparée de mon frère et de mes sœurs, même si à chaque récréation je retrouvais Harriett pour que nous reproduisions sous le préau les jeux que nous aurions menés dans la Maison. Je me suis toujours sentie manquante, incomplète, loin de la Maison. Comme si une partie de moi s'était incrustée dans ses murs. Je m'y projetais constamment, dès que j'imaginais quelque chose, ou dès que je repensais à l'été écoulé. Mes rêves avaient la couleur de ses parquets d'acajou brillant au soleil. J'avais déjà senti combien notre vision de la vie était différente, à moi et mes frère et sœurs, quand je les voyais s'enfiévrer joyeusement à l'approche de la rentrée. Klaus surtout, l'élève brillant, aux mille amis, au rire franc, aux épaules fières, entrait dans l'automne comme une armée marche sur une ville, sûre de sa victoire. Klaus assiégeait sa classe chaque année, il dérobait les cœurs, fascinait les instituteurs, rapportait le soir ses excellentes notes. Louisa était appliquée, elle réussissait mieux dans le social que dans le scolaire, mais dessinait bien, avait une voix mélodieuse pour les récitations, et des cheveux qui brillaient au soleil quand elle gambadait dans la cour ; on l'aimait. Harriett ressemblait à Klaus, brillante, mais plus farouche. Elle n'avait pas su allier à sa faculté de raisonner l'intelligence des âmes. Et puis, elle triait trop ses matières. Elle était excellente en sciences, mais peu imaginative, alors que Klaus réussissait tout, sans même travailler. J'ai tout de suite compris qu'il partirait. Qu'il irait exceller à la Ville, parce qu'à la Maison, on ne peut exceller. On ne peut forcer les murs de bois à s'étirer pour nos ailes lumineuses, alors on les replie, et on laisse la lumière briller faiblement à l'intérieur de soi. De cela, Klaus n'aurait jamais été capable.

Au début de l'automne, il dormait dans la chambre de Louisa, avant que l'on ne décide d'allumer le chauffage, car le vent froid filtrait aisément sous la toiture, et le grenier gelait. C'était toujours un événement, quand les parents déclaraient, en général un dimanche matin brumeux, en regardant par la fenêtre embuée, qu'il commençait « à faire un froid de canard, et encore un canard ça migre ». Je m'étais toujours figuré, à cause de cette expression, que la grand-tante Babel, et aussi à cause des plumes de ses chapeaux, avait dans les veines un je-ne-sais-quoi de volatile, car elle migrait bel et bien au chaud, chaque hiver. Elle partait de la Ville (où elle revenait après son séjour estival aux eaux thermales) vers début octobre, passait un week-end ici, puis reprenait sa route vers le Sud.

Le premier feu de cheminée de l'année était chaque fois un événement grandiose. Il nous semblait toujours que les bûches, encore sèches dans l'appentis et exhalant ce parfum fiévreux d'été, crépitaient avec plus de vivacité que jamais,

dans l'âtre noirci dont le fond s'ornait de mysté-
rieuses figures de centaures et de nymphes. La
chaleur d'un feu n'a rien de comparable avec
celle d'un radiateur ; c'est pourquoi, vers la fin, je
ne les allumais plus, et je demandais seulement
qu'on entretienne le feu dans le salon, pas plus.
Les gens qui s'occupaient de moi savaient de
toute façon que je n'avais plus l'argent nécessaire
pour que la Maison soit chauffée comme autrefois – je les imaginais qui murmuraient derrière
la porte « quand est-ce qu'elle va aller en maison
de retraite ». Je m'en fichais un peu, car alors je
tendais les mains pour que les flammes en pour-
lèchent les contours, et mes doigts se brouillaient
de cette translucide auréole rougeâtre. Les veines
saillantes semblaient fondre dans ma peau pour
devenir, ainsi découpées sombres sur le feu impé-
tueux, des mains d'enfant, mes mains qui se ten-
daient de la même manière pour emmagasiner
de la chaleur… m'imprégner de cette douce
vague d'or liquide qui glisse dans le sang, sentir
chacun de mes membres transpercé par un flux
de vie. Je demeurais les yeux fixés sur les flammes
dansantes, clouée à l'âtre par peur qu'un seul
pied hors de son halo ne me glace le sang pour
toujours.

Certains soirs, on feuilletait l'album avec Petit
Père. Tous pressés autour de lui sur le canapé,
on ne voyait jamais que partiellement les photos, selon la place qu'on arrivait à dénicher,
tandis que les cheveux de Louisa traînaient toujours sur les pages quand elle se penchait pour

mieux voir les visages glacés, et on la poussait violemment en piaillant qu'elle était égoïste, comme toujours. L'album se décline en trois ou quatre énormes volumes reliés de cuir de différentes nuances de brun et de rouge. Ses pages craquellent comme le feu qui crépite, les ressorts du canapé gémissent quand nous sommes tous dessus. Ces volumes, je les ai rapportés avec moi dans ma chambre, parce que quand je demande à un infirmier de m'en apporter un, et qu'il le pose sur mes genoux, son poids me rassure et me réconforte. Je rouvre l'album, et le premier souffle qui s'en dégage est un soupir du temps, une bouffée d'odeurs ternies qui me replonge chez moi, subrepticement, pendant une fraction de seconde avant qu'elle ne se dissipe. Et je tourne les pages, et il me semble voir nos doigts fébriles se poser sur les photos : « Regarde, on dirait Babel sans rides », « C'était elle, Petit Père ? Dis ? », « La vache, elle était jolie », « Ça change », « Et toi, t'es où, hein dis ? ». J'ai oublié beaucoup des noms qu'il égrainait, surtout au début du premier volume où posent des gens que je n'ai jamais connus, de l'époque de mon arrière-grand-père. Je crois que je n'ai jamais aimé ces albums, en fait. Ça m'agaçait de voir sur les photos des gens que je ne connaissais pas évoluer dans la Maison, faire comme s'ils étaient chez eux, affalés dans les canapés, riant dans le verger, le coude appuyé sur le toit d'une vieille voiture garée triomphalement dans l'allée. Les morts n'ont aucune humilité, ils s'affichent là, figés à jamais sur du papier glacé, et sont à jamais chez eux dans les lieux qu'ils ont habités. On a peur de les déranger, on refuse de jeter le service d'assiettes de la vieille Léodagathe, parce qu'elle l'aimait beaucoup, la sainte femme ; pourtant ce service enquiquine tout le monde, et il est ébréché et de mauvais goût, mais ça personne ne le dit, parce que la vieille Léodagathe, dont les os reposent quelque part, entassés dans le cimetière du village, rongés par la vermine, était, avant tout, « une sainte femme ». Ce que je détestais surtout, c'étaient les photos où l'on voyait d'autres enfants, construisant comme nous des cabanes dans les arbres du bois, des cabanes disparues et englouties dans le vent chargé de résine, leurs rires évanouis dans l'écorce des arbres. C'étaient oncle Bertie ou Petit Père enfants, avec Hilde qui ressemblait à un garçon aux cheveux courts, ils posaient avec leurs cousins – que nous ne voyions plus jamais – sur le perron. La Maison entière avait une couleur particulière, dans le jaunissement passé des clichés, je la reconnaissais à peine ; c'était elle et à la fois ce n'était pas elle. Tout paraissait plus neuf aussi, sur certaines images, même, la véranda n'étendait pas encore ses panneaux de verre à l'arrière de la Maison. Deux ou trois photos du premier album montrent des gens souriants qui posent, le marteau à la main, en train de la monter. C'était étrange de savoir que la Maison, comme un jouet en bois qu'on peut démonter, avait été augmentée et modifiée, construite, pensée. La Maison cessait alors un instant d'être cette entité immuable qui semblait avoir toujours été là, et devoir toujours y demeurer ; une idée de temporalité s'y ajoutait, et cela paraissait inconfortable. Je n'aimais pas voir ces photos parce qu'elles me rappelaient que moi aussi je changeais et je grandissais d'année en année, et qu'un jour je partirais faire des études à la Ville, comme tout le monde, et que je quitterais ce monde qui était tout pour moi, cette pelouse grasse, ces murs de bois blanc, ces pignons compliqués et ces grands arbres sombres.

En automne, je détestais voir les arbres perdre leurs feuilles, aussi. Heureusement que les sapins montaient la garde, droits et fiers dans leur élégant manteau vert sombre, ultimes gardiens de nos errances. Les escapades dans le bois d'automne n'avaient plus la même saveur qu'en été. La densité de l'air humide, la couche de terre lourde sous nos pieds, sombre encore de la pluie de la nuit, rendaient tout plus suffocant, plus pesant. Les grands arbres semblaient plus menaçants, et les effluves capiteux de champignons et de mousses détrempées rendaient l'air presque irrespirable, sous le couvert des arbres. Les branches entrecroisées au-dessus de nos têtes dégouttaient lentement, posant la pulpe liquide de leurs doigts invisibles sur nos cheveux perlés de pluie. Même courir était impossible ; la pelouse glissait, l'humus était spongieux et aspirait nos semelles vers les profondeurs de la terre, alors il fallait s'en extirper et s'enfuir, vite, bien vite, revenir vers la Maison parce qu'en plus le bout du nez est tout froid et qu'on n'a pas pris de mouchoir. On passait par la porte d'entrée pour rentrer, pas par la véranda, parce qu'il fallait essuyer nos chaussures et les poser dans le hall, et alors on se rendait compte que nos chaussettes étaient trempées aussi, et nos pieds glacés. L'air de la Maison nous réchauffait doucement, et le jazz de Petit Père au salon, la bouilloire qui sifflait dans la cuisine pour le thé de Petite Mère, et les chantonnements mystiques de Louisa qui semblaient glisser le long de la rampe d'escalier, nous rassuraient immédiatement, et nous convainquaient pour un temps de rester à jamais au chaud.

Louisa ne sortait plus au jardin, quand l'été était passé, elle n'essayait même pas. Je me rappelle pourtant une fois où elle nous avait aidés à pister un hérisson qui nous semblait blessé. Trapu et épineux comme une pomme de pin, il se perdait dans les feuilles rouges. On aurait dit un tout petit ours, flairant le poisson dans un fleuve de cuivre, et les petits cafards dorés fuyaient sous nos doigts comme des truites. Son ventre palpitait d'un cœur agité, caché sous la peau, et Louisa se montra infiniment attendrie par cette bête piquante et douce. Elle la souleva entre ses mains, et la porta rapidement vers un espace plus dégagé de la forêt, pour qu'elle puisse avancer plus à son aise. Je me souviens d'avoir défilé derrière elle, en nous imaginant chevaliers sylvestres, escortant les créatures éplorées vers des mousses plus tendres. J'aime bien cette image de Louisa. Elle me revient peu souvent en mémoire, noyée dans le reste, engloutie dans nos disputes permanentes, dévorée par ses piques méchantes, son arrogance, ses caprices, son désintérêt pour les choses que j'aimais. Louisa est acide, comme un cidre, un mauvais cidre. Mes plus grosses colères, enfant, adolescente, adulte, furent contre elle, suscitées par elle, amplifiées par sa désinvolture. Elle s'énervait moins mais blessait plus, j'en aurais cogné les murs et mordu sa peau au sang, tellement elle m'anéantissait les nerfs. J'aimais bien la sentir à la Maison, pourtant. Quand elle s'est mise à ne plus trop revenir, j'ai pleuré de frustration, parfois. C'est une grande sœur, ça ? Je me suis sentie délaissée par mes aînés, presque constamment, et j'aurais crevé de honte que Harriett eût pu ressentir la même chose. Je voulais être la meilleure des grandes sœurs, pour que Harriett reste avec moi, longtemps.

Harriett est floue en automne. C'est la faute des feuilles mortes, ça fait glisser les souvenirs.

Pourtant elle adorait l'automne, Harriett. Elle s'éclipsait parfois toute seule dans le jardin, et revenait en disant, sur un ton mystérieux qui m'agaçait, qu'elle avait parlé avec les écureuils, et qu'ils l'avaient écoutée, perchés sur une branche. Je détestais ces bobards, c'était comme si elle m'excluait d'une certaine intimité avec le bois, mon bois, mon cher bois que moi seule aimais à sa juste valeur, dont moi seule observais les troncs avec une telle minutie que je savais lire les méandres de l'écorce. Elle jurait que c'était vrai, qu'ils l'écoutaient, la comprenaient, et les autres riaient un peu en lui ébouriffant les cheveux, et ça me faisait mal. Elle était à moi et le bois aussi, et ces deux entités ne pouvaient communiquer sans moi. Je suis le lien, et je le suis toujours, entre le sourire qu'on a tous oublié de Harriett et les grands sapins que je ne verrai plus jamais. Quand on ouvre la fenêtre de la chambre pour aérer, pour assainir cet air d'hospice des chambres de vieille, j'écoute le vent sauvage qui vient du fond du monde, et je l'imagine avoir traversé ma forêt, épousé les contours de la Maison, chargé ses bourrasques des odeurs de résine que je connais tant, et mes narines frémissent de délice, et l'infirmière me recule de la croisée en disant que je vais tomber malade. Mais je crève et j'enrage d'être ici, moi, et Harriett a bien de la chance, elle y est encore, elle, dans la Maison, dans les bois, dans notre petite chambre, partout. Je sais qu'elle s'y promène, laissant errer sa main de glace sur les radiateurs froids.

Elle m'appelle et m'attend.

Je ne sais pas si je retrouverai le chemin de la Maison. J'ai peur que le séjour de mes limbes ne s'y trouve pas.

Je ne voulais pas en partir, ce n'était pas un choix, ça ne l'a jamais été. Les départs sont terribles ; pourquoi paraissent-ils si simples, pour d'autres ? Klaus ou Louisa ne m'ont jamais semblé avoir de mal à partir, au contraire ; ils ont la valise aisée, la route facile. Ils partent et reviennent sans douleur, la Maison leur est toujours ouverte et toujours douce, jamais violente comme l'amour immodéré que je lui porte et qui me rend folle loin d'elle, comme une amante jalouse. Je suis heureuse de n'avoir jamais eu qu'un seul chez-moi. Il me semble que l'enchaînement des chez-soi rend les gens plus inconstants. Ils ne possèdent qu'une sensation de chez-soi galvaudée, parce qu'ils ont laissé partout des morceaux d'eux-mêmes dans les maisons qu'ils ont quittées. Klaus a eu plusieurs appartements, une chambre étudiante à la Ville, plein de chambres d'hôtel, pour ses concerts, des lits de passage, des parquets dont on n'a pas le temps de regarder les nœuds. On s'attarde moins sur des lieux qu'on doit quitter souvent, parce qu'on se force sans doute à moins s'y attacher, comme pour atténuer la rupture que chaque déménagement provoque. Les déménagements nous brisent. On fiche dans les murs des morceaux de soi partout où l'on passe, et l'on se désagrège en partant. Mon frère s'est désagrégé au fil du temps, c'est sans doute pour ça qu'il n'est heureux nulle part.

Je n'ai presque jamais autant pleuré que quand j'ai dû faire ma rentrée au Collège, en Ville. J'ai été saisie dès la fin de l'été d'un chagrin irraisonné. J'avais l'impression de quitter la Maison pour toujours, et Louisa s'asseyait sur mon lit et me prenait dans ses bras en disant que l'internat, tu verras, c'est génial, tu te feras des copines comme moi, et les garçons sont beaux et rigolent fort dans les couloirs pour qu'on passe la tête par la porte. Mais moi je ne veux pas y aller, Louisa, je veux faire comme Harriett et rester à la Maison, c'est injuste. Oui mais Harriett est encore en primaire, tu sais bien, son tour viendra aussi où elle devra partir, et puis on revient chaque week-end, on prendra le train ensemble à la fin de mon dernier cours, à quatre heures. Et Harriett de me lancer un regard pétrifié de sous sa couette, un regard où se mêlaient terreur et fascination, car sa grande sœur allait connaître la Ville et le monde hors de la Maison. Je lui aurais volontiers cédé ma place.

C'était terrible de rentrer les week-ends, par ce train froid qui sinuait au creux des forêts rousses pendant trois quarts d'heure, avant de nous jeter sur le quai de la gare du village, tout détrempé de pluie terne avec ses maisons de brique. Petit Père nous attendait et je le trouvais toujours un peu plus maigre, je n'aurais su dire pourquoi. C'était comme si notre absence l'étiolait et qu'il se creusait comme une statuette de bois sous la lame d'un couteau. Nous montions la route en lacet qui mène à la Maison, et j'enrageais de voir que j'avais manqué la chute des feuilles, car les branches se dénudaient toujours d'un seul coup, durant une de ces semaines que j'avais passées au Collège. Harriett courait vers nous dès que nous mettions un pied dans le hall, et son petit rire descendait en spirale de l'escalier, et ses bras nous enlaçaient, et elle sentait la Maison encore plus que la Maison elle-même. Ses cheveux avaient cette senteur de poussière tiède et épicée du vieux bois que la pluie a chargé d'odeurs lourdes. Je ravalais des larmes en regardant la Maison et en essuyant mes pieds comme une étrangère, donnant mon manteau à Petite Mère au lieu de le jeter joyeusement sur la rampe vernie de l'escalier en colimaçon. Je me demandais comment Louisa arrivait à s'accommoder de ce sentiment d'éloignement, de l'étrange sensation qui fait que l'on ne se sent plus chez soi nulle part; le mal de l'étudiant. Peut-être était-ce dans ma tête, après tout, et que je n'étais une inconnue pour personne en ce lieu, mais je sentais un malaise physique à pousser la porte de notre chambre et à voir mon lit encore bordé à la perfection par Petite Mère, et qui sentait un peu le renfermé, les draps froids et plats d'un lit qu'on n'occupe plus. J'avais parfois l'impression, alors que je posais ma petite valise au pied du lit, d'être morte et de venir hanter ce lieu, et d'être la seule à pouvoir percevoir ma présence dans cette pièce. Je pensais que si Harriett rentrait, elle me traverserait comme si j'étais invisible, intangible, inexistante enfin. J'étais hors de mon corps et je sentais l'odeur de la Maison alors qu'avant elle imprégnait tellement ma peau et mon quotidien que je la percevais à peine. Le vendredi soir je me sentais perdue, puis le samedi matin, quand j'ouvrais les yeux dans mon petit lit et que la respiration légère-ment éraillée de Harriett froissait le silence, j'étais comme réintégrée dans les murs. Et j'oubliais mon déracinement. Un nouveau week-end à la Maison commençait.

Je profitais même encore mieux de la Maison, j'avais l'impression de la redécouvrir. La Maison sentait cette essence florale et piquante des femmes de la famille. Petit Père n'y déposait pas sa marque. Klaus ne rentrait que pour les vacances, étudiant au Conservatoire dans une ville plus grande encore. Je ne montais pas au grenier quand il n'était pas là. J'aurais eu le sentiment de m'introduire dans une demeure étrangère toute claquemurée de secrets adolescents. J'allais très tôt dans le bois frais, sans Harriett, et je marchais entre les troncs sombres et moussus avec précau-tion, pour ne pas réveiller les esprits sylvestres. La forêt, à l'automne, devenait mystique, pesante. On n'aurait pas voulu y courir. On laissait le froid

liquide nous transir et nous anesthésier doucement, on se laissait couler dans les bras torpides
des sapins noirs. Je me disais que je ne reviendrais
jamais vers la Maison, que je me tapirais sous un
rocher pour attendre le printemps et hiberner
loin du Collège, mais une petite voix criait depuis
le perron que la tarte au potimarron était prête, et
qu'il fallait rentrer. Je revenais lentement vers la
Maison, par le hall, mes chaussures maculées de
boue ôtées sans hâte. Je passais dans la salle à manger, ils étaient tous assis et me regardaient entrer
avec un léger sourire, presque un sourire surpris,
comme s'ils avaient oublié ma présence ou que
j'étais partie pendant très longtemps au creux des
bois. Et le joyeux piaillement de Harriett s'entre-
mêlait au fumet de la tarte et aux vapeurs salées
du potage.

Le dimanche soir m'arrachait les tripes. Ce
n'est pas une image. Je souffrais physiquement.
Le premier week-end, comme on ne savait pas
ce que j'avais, l'on envisagea d'appeler les pro-
fesseurs le lendemain matin pour signaler ma
convalescence. Dès cette annonce, j'allai tout de
suite mieux. On comprit que mon mal était une
douleur d'apatride, comme le membre fantôme
qui engourdit encore l'amputé. Je retournai au
Collège.

Un vendredi soir où, particulièrement heureuse de retrouver la Maison, je souriais dans la
voiture de Petit Père sur le chemin en lacet qui
s'enfonçait vers nos bois, je surpris son regard

malicieux dans le rétroviseur. Il avait l'air amusé de quelqu'un qui attend que le spectacle commence, assis dans l'obscurité rêche d'un fauteuil de théâtre. Il ne voulut rien me dire.

Sitôt la porte de la Maison poussée, une odeur étrangère dérangea mes narines. C'était une essence capiteuse de vieille femme pomponnée. Je compris immédiatement : la grand-tante Babel était là. Je les trouvai dans le salon, Petite Mère, Harriett et elle, discutant vivement. Babel était la femme la plus romanesque que j'aie jamais connue, un profil de théâtre, de lourds cheveux teints, une peau nervurée de pommade blanche, ponctuée par les deux pommes vermeilles de ses joues fardées. Babel avait une voix de fumeuse, faite pour être entendue dans tous les salons intellectuels de la Ville, et tout en elle était fait pour être remarqué, de son rouge à lèvres filant aux commissures à ses petits yeux émeraude cerclés de noir. Mi-dragon, mi-sorcière, elle avait un nez plus crochu que tous les Aberfletch réunis, et elle nous terrifiait au moins autant qu'elle nous fascinait. Harriett, une fois dans le repaire de notre chambre, m'expliqua, sur un ton de complot, que Babel comptait passer l'automne à la Maison, ayant revendu son appartement à la Ville, car n'y habitant finalement que très peu dans l'année, entre deux cures thermales. Elle avait tout simplement frappé à la porte, du pommeau de sa lourde canne, ce matin ; un taxi rempli de malles en serpent attendait derrière elle. On lui avait attribué, dans l'urgence, la chambre au fond du couloir. « Elle va dormir à notre étage ? » m'écriai-je, scandalisée d'être ainsi dépossédée de notre privilège. Harriett acquiesça en silence, penaude.

La première nuit fut terrible ; Babel ronflait comme un ogre.

Nous ne l'entendîmes pas utiliser la salle de bains, pourtant, au matin, elle descendit à la table du petit déjeuner superbe et pimpante. Nous en vînmes à croire à un sortilège, et nous nous mîmes à l'épier avec attention, Harriett et moi. Nous la filâmes pendant sa promenade au jardin, où elle descendit, sans dire un mot, vêtue d'une longue cape pourpre qui accrochait les feuilles cuivrées éparses dans l'herbe. Elle s'enfonça sous le couvert des arbres, sans dévier, comme si elle savait où elle allait. Dansaient dans son sillage de rousses fées aux pieds dorés ; les champignons, blottis au creux des racines humides, luisaient faiblement à son approche, et les branches ruisselantes s'écartaient sur sa tête. Babel semblait enchanter la forêt de son pas grave, et les arbres la reconnaissaient.

Elle passa trois automnes de suite à la Maison. Ce furent les plus beaux automnes de notre vie. Elle charriait avec elle, en déballant ses malles chaque septembre, toute l'essence des feuilles pourrissantes mais grandioses. Elle était le charme des sous-bois qui exhalent de forts parfums d'humus, perlés de mousse grasse. Elle était la créature trouble qui se mire dans la noirceur du lac.

Il n'y avait qu'elle qui parlait, à table, mais enfin qu'aurions-nous pu raconter de plus intéressant, de mieux articulé ? Elle avait l'éloquence parfaite et désuète des érudits mondains qui n'ont de savoir que pour rivaliser d'adresse avec leurs pairs. Babel avait eu une vie extraordinaire, qui fascinait Klaus, Louisa et même Harriett, mais qui m'effrayait un peu. Babel avait rencontré les princes héritiers des dynasties éteintes, Babel avait voyagé à dos de chameau dans les dunes des déserts antiques, Babel avait divorcé trois fois et eu des dizaines d'amants. Babel, quand elle est lasse de son appartement, prend une suite au Grand Condé, place du Palais. Elle sonne la cloche au moins trois fois par heure, elle ordonne et obtient, et les hommes tombent tout de même amoureux d'elle, car elle est forte à les briser. Babel a des amies sorcières, mais oui ça existe, je vous assure, affirme-t-elle avec désinvolture, et elle raconte les potions pour soulager les douleurs menstruelles, à base de pattes d'hermines infusées. Elle a vu les plus grands orchestres, et conseille à Klaus, tant qu'à être trompettiste, de devenir le meilleur, qu'il dirige, même, s'il le peut. Elle parle des loges aux lourds rideaux et des lustres énormes de l'Opéra Royal. Elle préfère les symphonies de Smigernsson aux rhapsodies plus simplettes de Zibelli-Mostronov, car elle se considère très certainement comme une partisane des postdéstructurels. Babel reprend du gratin, puis poursuit ; elle mange mais n'a jamais la bouche pleine, si bien qu'elle parle continuellement. En sortant de table, l'on est à la fois saoul et rassasié, et on l'entend encore, toute la nuit, gronder dans son sommeil.

Babel partait, chaque décembre, pour les montagnes du Sud, où elle suffoquait sous les vapeurs brûlantes de thermes du dernier chic, carrelés chaque année selon le goût du moment. On apprit son décès sans préambule, en plein hiver, par le service médical de la station. Je me retrouvai, à quinze ans, infiniment attristée par sa mort. On ne croyait guère connaître la grand-tante Babel et puis, trois heures après l'avoir fréquentée, on pouvait dire connaître toute sa vie.

Mais la grand-tante Babel n'est pas ma petite sœur.

Je n'arriverai pas à parler de sa mort, à elle. C'est pourtant le moment, la transition est parfaite. Je bute contre la profonde, indicible, souterraine douleur d'une sœur perdant une sœur.
La nouvelle de l'accident fut une porte d'avion ouverte en plein ciel, un appel d'air énorme, irrésistible, vers un vide infini.

C'est l'automne qui a tué Harriett, à l'aube de ses trente ans. Ce sont les feuilles imbibées de pluie sale, la route glissante en lacet entre deux pentes d'herbe trempée, les troncs nus, mono-lithes minéraux de vie morte. Elle allait vite, a-t-on dit, comme pour dédouaner l'automne. Mais Harriett n'est pas coupable, ni sa voiture, qu'elle aimait, ni sa conduite, vive et enthou-siaste, comme elle, rapide et nerveuse. Harriett le ruisseau de rire, la petite main qui se glisse dans la mienne, les peurs enfantines tremblant derrière l'effroyable courage de ses grands yeux sombres. Aviatrice et apache, herboriste et guer-rière, elle est toutes les femmes les plus fortes du monde, jamais nymphe et jamais colombe, toujours le couperet étincelant du sourire cruel.

Après la nouvelle, je n'ai rien pu faire, je n'ai rien pu dire. J'ai fixé avec horreur les murs fami-liers comme s'ils avaient été éventrés par un boulet de canon. Le vent d'automne s'infiltrait partout, j'avais constamment froid. Mon lit, l'horrible lit sans jumeau, si semblable à son voi-sin désormais vide, tout me faisait horreur.

Je ne me souviens pas de grand-chose. Je suis allée jusqu'à la grille du cimetière, avec tout le monde, mais je n'ai pas pu y entrer, retenue par une force invisible, monstrueusement muette, sous les arbres décharnés. Paralysée, j'ai vu de loin le corbillard dégueuler son cercueil. Le vent hurlait des mots à mes oreilles, alors je me suis accroupie le crâne prêt à exploser, et je me suis réveillée deux mois plus tard, devant un bol de café, une cuillère à la main, avec tout le

117

monde, à table. J'avais compris que Harriett n'existait plus, et la neige dans le verger recouvrait tout d'une lourde couche d'amnésie salutaire.

Je n'ai jamais pardonné à l'automne. Chaque septembre, mes organes se mettent à fonctionner tout seuls, car mon esprit se répugne à actualiser mon expérience d'un monde sans Harriett. L'automne, mes sens hibernent. Ils se réveillent en hiver, comme ils s'étaient réveillés après sa mort, tout d'un coup, comme l'ouïe qui s'éblouit, au sortir d'un tunnel.

J'ouvrais parfois son coffre à jouets, et je regardais, lentement, tout ce qui avait mené à la formation de son cerveau. Ses petites toquades et ses grandes passions, les bocaux à insectes où subsistaient quelques brins d'herbe desséchés, les figurines en bois, les rubans tressés aux couleurs affadies, les talismans en châtaignes et les cahiers où s'étalaient minutieusement des croquis de scarabées rares. Il y avait, sous son lit, coincée dans la plinthe, une chaussette qu'elle avait perdue enfant. Je l'ai laissée là. On passe l'aspirateur autour, mais son petit pied dépareillé demeure sous le matelas vide. Elle y est encore, cette chaussette, au premier étage de la Maison ouverte au grand vent, rongée de vigne vierge, la façade affaissée de bois pourri, sans doute. Si j'y retournais, là, poussais la porte d'entrée, grimpais, péniblement, l'escalier en colimaçon en prenant garde aux deux marches effondrées, remontais le corridor au vitrail cassé, couvert de feuilles mortes dans la lumière usée des murs craquelés, et entrais dans notre petite chambre, nos deux lits seraient encore collés contre la paroi, et la petite chaussette de Harriett encore coincée dans la plinthe. Je m'assiérais sur son lit, et elle s'assiérait à côté de moi, légère comme une aube, et je sentirais juste son sourire invisible danser contre mon épaule. J'écouterais le vent des arbres d'été siffler à travers le carreau cassé, rouler dans le corridor en faisant glisser les feuilles dans les coins. Harriett me dirait que c'est l'heure d'aller jouer, et son pas dans le mien me mènerait au bois, moi avec ma canne, elle perchée dans les cimes, riant de me voir si vieille.

Nous aurions dû vieillir ensemble dans la Maison, Harriett, et mourir chacune dans notre lit, gisants de marbre dans le tombeau plein de clarté de notre chambre.

Promis, j'aurais gardé ta petite main dans la mienne.

Hiver

L'hiver serait venu. Tu t'en souviens, Harriett, la neige n'était jamais de ce blanc immaculé des contes russes. Toujours la verdure foisonnante du jardin, cachée en dessous, la teintait d'émeraude glacé, très légèrement, et le soleil qui brillait sur la couche épaisse la parsemait de paillettes d'or. D'ailleurs, la neige était bien vite salie, remuée, labourée par nos petits pas gourds et les lames chuintantes de nos luges de bois. On ouvrait la fenêtre, un matin de fin novembre, et le souffle du jour se coupait, suspendu au-dessus des arbres, dans un grand ciel tout pommelé de marbre cotonneux. La main encore crispée sur le volet, je jetais un coup d'œil émerveillé à Harriett qui avait déjà pressé sa tête sur mon épaule pour mieux voir, attirée par la lumière froide tombant de la fenêtre. Alors, nous entendions Klaus dévaler les marches. Du haut de son perchoir, il avait dû voir la neige le premier, et nous pestions car il allait être le plus prompt à y plonger ses bottes.

On se ruait vers la porte de la chambre, on courait dans le couloir en se poussant pour ralentir l'autre, et Louisa ouvrait sa porte à l'étage du dessus en criant qu'on l'attende, et le grand rire de Klaus résonnait déjà dans le hall. Comme fouettées par ce rire, on sautait dans l'escalier, on bondissait de marche en marche, c'était un affolement d'écharpes et de manteaux, on ne trouvait jamais le sien, alors on mettait celui des autres, celui de Petite Mère, de Petit Père, les grosses bottes trop grandes où se plongeaient nos menus mollets d'enfants nerveux.

C'était un branle-bas de combat inouï, le monde infini des jeux d'hiver s'ouvrait enfin, balayait d'un coup la tiédeur du sommeil sous les couvertures. La torpeur de l'automne s'ébrouait soudain et laissait place à l'excitation piquante des longues promenades en luge, des batailles de boules de neige, des contes d'hiver au coin du feu, entre Petit Père et Petite Mère. Je n'oublierai jamais le silence sacré des bois aux branches lourdes, le calme de caverne qui cristallisait le souffle quand on entrait sous le couvert des arbres, entre les bras marmoréens des sapins pailletés de givre. Je me sentais la mystérieuse héritière d'un empire jadis grandiose, errant à pas lents sous les arcades d'une cathédrale immaculée. Je retenais ma respiration, et mes pas seuls crissaient dans la lourde fourrure minérale qui recouvrait le monde.

Les flocons qu'on attrape avec la main, et qu'on examine de près alors qu'ils fondent inexorablement dans nos paumes trop chaudes et trop rouges... ce léger engourdissement qui indique qu'il est temps de rentrer, cette fatigue des membres qui invite à un doux sommeil dans une couverture de glace... les yeux se remplissent un peu de larmes parce que Klaus a lancé un paquet de neige dure qui a glissé dans le cou, au creux de l'écharpe... la neige mord la peau, avec des petites dents de glace... On tape les semelles contre le perron pour en décrocher des gros morceaux de neige coagulée, qui ont pris des découpes étranges dans les plis de la chaussure.

Comme les petits animaux à fourrure qui se blottissent les uns contre les autres pour se réchauffer, notre fratrie devenait physiquement plus complice en hiver. Je pouvais me caler contre l'épaule de Klaus qui sentait bon les épices et la sève de pin, avec l'odeur légèrement fumée se dégageant de ses boucles brunes. Le reste de l'année, nous ne nous touchions presque pas. Ou alors nous nous saisissions maladroitement les poignets pour danser un semblant de valse dans le hall tout pailleté de rayons, ou bien on se poussait dans le couloir pour se ralentir, ou on se lançait des coups de pied derrière les genoux pour se faire tomber. C'était notre manière de montrer notre attachement, notre affection, des bourrades farouches d'enfants qui ne maîtrisent pas encore très bien leur corps. Nous ne nous touchions qu'en mouvement. Alors qu'en hiver, nous avions droit à l'immobilité de nos quatre chaleurs individuelles soudain combinées. Klaus examinait, dans le canapé du salon, des partitions qu'il avait à travailler pour la semaine suivante, et ses mains aux veines un peu saillantes, chaudes et pleines, étaient déjà des mains d'homme. Il me tolérait ainsi à regarder par-dessus son épaule, avec mes genoux remontés jusqu'au creux de son aisselle, comme un accoudoir organique que j'essayais de rendre le plus immobile possible, pour ne pas le déranger, pour qu'il ne me chasse pas dans une autre pièce. Harriett avait sa tête lourde de petit génie posée sur mon flanc, et ses pieds pendaient dans le vide en gigotant quand il se passait quelque chose d'un peu excitant sur l'illustré qu'elle dévorait. Louisa s'appuyait sur l'autre épaule de Klaus, avec cette grâce déjà féminine, et de loin on aurait pu les prendre pour un jeune couple pudique tant ils étaient beaux. Je me souviens que nos épaules conjointes, nos hanches soudées, nos bras entremêlés me donnaient l'impression heureuse que nous étions un monstre difforme à quatre têtes, une chimère merveilleuse qui se reformait toujours dans le crépitement du feu de cheminée.

Nous avions tous les pulls que l'arrière-grand-mère avait tricotés pour Petit Père, Hilde et Bertie. Louisa portait celui de Petit Père, parce qu'elle faisait sa chouchoute, avec ses cheveux tout dorés comme ceux de Petite Mère. C'était le bleu roi avec une frise jaune et blanche qui courait sur les épaules. Klaus avait celui de Bertie, et c'était un peu logique, car les couleurs flamboyantes du vert sapin allié à la bordure pourpre et orange leur seyaient à tous deux au caractère comme au teint. J'avais celui de Hilde, ce qui ne m'enchantait pas particulièrement, avec des petites mailles azur serrées entre des fils blancs et turquoise. Petite Mère avait dû bricoler un pull en plus pour Harriett, qui n'en avait pas, et les mailles très imparfaites ajoutaient à son apparence de clown désinvolte, jaune poussin à pompons rouges. Ces pulls sortis des malles début octobre nous accompagnaient chaque hiver et semblaient grandir avec nous, comme s'ils avaient été tricotés par l'arrière-grand-mère mystérieuse, que nous n'avions jamais connue, à coups de mailles magiques, s'étirant sur nos épaules en pleine croissance comme une seconde peau. Cela avait un côté sinistre, de sentir que les mains qui avaient confectionné ces vêtements étaient aujourd'hui rongées par le suc de la mort sous dix-huit pelletées de terre. Penser que Hilde avait un jour porté mon pull, qu'elle était donc une petite fille comme moi, et qu'elle avait ensuite changé et grandi me terrorisait un peu. J'avais peur de devenir, par une sorte de maléfice qui poursuivrait les porteurs de ce pull, la même femme aux yeux froids qui élevait seule à la Ville un fils arrogant après son divorce catastrophique.

Mes yeux sont froids à présent, sans doute. Ils ne sont plus couleur d'étang sale, n'est-ce pas, voilés par la cataracte et la mélancolie, lac gelé sous un ciel mauve. Ils sont pleins du passé et ont usé toutes leurs étincelles. Je ne cherche même plus à les rallumer. Comment les rallumer d'ailleurs sur ce ballet de blouses blanches et de serviables fantômes, qui remplissent mon assiette, allument ma télé, me parlent très fort dans l'oreille. Ici, il n'y a plus de massifs de fleurs, de ciels éblouissants et de neige scintillante. Le café dans la tasse est froid comme mon cœur. Qu'on le boive, qu'on en finisse.

Petit Père est le roi du chocolat chaud. Il le fait comme personne. À la Ville, les gens paieraient des sommes exorbitantes pour s'en délecter. Lui, une vaguelette de malice ourlant ses lèvres minces, demande si nous voulons boire quelque chose de chaud. C'est le signe qu'il va faire son fameux chocolat. Il n'est pas que bon d'ailleurs, il est beau, avec des courants chauds de bruns mousseux qui tournoient au fil de la cuillère qu'on tient du bout des doigts, les yeux rivés sur les remous odorants qui font frémir les narines. Le babillage distrait de Harriett, Petite Mère et Louisa me fait légèrement sourire au-dessus de ma tasse, et je me sens bien, accoudée à la table brute de la cuisine, avec les légers tintements de la vaisselle familiale, et les inflexions mélodieuses et si communes des gens que je côtoie depuis la naissance, ces gens qui font mon monde, mon être : la petite tribu de la Maison. Des bribes de voix me reviennent, quand je ferme les yeux. Davantage des éclats que des phrases construites, certains mots et expressions particuliers, des intonations inarticulées et qui semblent résonner du fond des bois. Mais il y a une voix que je n'arrive pas à saisir parfaitement, et la plus importante de toutes… je n'arrive pas à mettre le doigt sur les mots de Harriett, c'est comme si ma mémoire avait évacué tout ce qui me permettait d'en avoir une impression vivace. C'est comme si cette ouate d'oubli m'avait préservée de la souffrance de sa mort. Mais j'en veux à mon cerveau qui s'est arrogé le droit de trier mes souvenirs. Je ne veux pas me rappeler les renâclements nasaux de grand-tante Babel. Je veux entendre ma petite sœur qui chantonne en suspendant, à travers le hall froid, les décorations de Noël. Je veux visualiser ses gestes habiles ou maladroits, ingénieux ou candides, qui transformaient chaque hiver nos trois étages en nid doré. Harriett était la fée des flocons rouges accrochés aux fenêtres, des guirlandes rutilantes tapissant les couloirs. Si l'été était mon moment, celui où mon être se dissolvait dans l'air chaud pour l'épouser entièrement, Noël était celui de Harriett. Elle irradiait et virevoltait comme un farfadet diabolique, des biscuits à la cannelle plein les poches. Elle créait chaque année de nouveaux rituels ; c'est d'ailleurs grâce à elle que nous mettions les figurines sur le manteau de la cheminée. Elle devait avoir cinq ou six ans quand elle découvrit, en fouillant dans les malles à jouets du grenier, un coffret en métal coloré rempli de figurines en bois peint, des hommes, des femmes, des enfants, aux couleurs passées. Elle les exhuma avec cette fascination des enfants pour les objets étranges. Elle en distingua six qui, pour elle, nous représentaient. Petit Père était un gendarme tout droit et tout fier, Petite Mère, une marchande de fleurs, avec des taches de couleurs vives dans un chignon bas. La figurine de Klaus représentait un roi médiéval qui semblait très bon, majestueux comme un lion. Celle de Louisa, je ne m'en souviens pas très bien, je crois que c'était quelque chose comme une jolie bergère. Harriett avait sélectionné avec le plus grand soin nos figurines à nous. Elle avait observé chaque personnage restant, en les manipulant entre ses petits doigts fébriles, très près de son visage. Elle avait eu un regard triomphal, soudain. Je serais cette princesse amérindienne aux nattes polies dans le bois verni, et elle un aventurier, qu'elle apporta à Petite Mère pour qu'elle en reprenne la peinture, et transforme l'aventurier en aventurière. Petite Mère dut érafler le vernis pour ajouter, en petites touches, une couleur chair sur la moustache de l'explorateur, pour la couvrir. Elle lui ajouta un peu de rouge sur les lèvres, et Harriett bondit dans toute la Maison en serrant la figurine contre son cœur. Elle décréta ensuite que celles-ci étaient nos statuettes sacrées, à placer au-dessus de la cheminée chaque hiver en guise de crèche, et que nous six étions l'univers entier. Nous nous pliâmes bien volontiers à son caprice si adorable. Chaque hiver, depuis, dès les premières neiges, Harriett courait au grenier chercher nos figurines. Elle les chérissait, s'étourdissait en chants chamaniques et prières fantaisistes devant l'âtre. Les éclats du feu enveloppaient les statuettes d'un halo doré qui glissait sur leurs visages, figés en un éternel sourire. À force de leur insuffler des pouvoirs, à coups de psaumes murmurés les yeux plongés dans les flammes du foyer, je crois bien qu'elle parvint à les incarner, à y placer nos âmes. Car quand Harriett est morte, et qu'on n'a plus mis nos figurines sur la cheminée, comme par hasard, un grand froid m'a éteint les entrailles.

Les images éblouissantes m'aveuglent, et les pentes d'herbe glacées de neige plongent sous les sapins. C'est une lumière d'ampoule crue, un acier de couperet, pas le blanc virginal des robes d'été, ni la peinture blanche émoussée par la lumière du jour, sur les façades de la Maison. C'est un blanc livide de silence, sur lequel toute vie contraste, les corbeaux, noirs, bleus, les pas qui salissent, les mollets roses dans les grandes bottes. Le blanc qui transperce les tympans, qui brûle la rétine. Et nos luges qui filent sous les branches, le cœur qui bat car on va trop vite entre les troncs, et le ruisseau coule au bout de la pente, et le ruisseau est profond. Alors on n'y tient plus, on sort les pieds, on freine de toutes nos forces, les bottes enfoncées dans la neige pour ralentir la course, et les paillettes de neige qui jaillissent dans la chute coupent les joues de milliers de petites morsures. Klaus allait toujours trop loin, on le voyait, nous en haut de la colline, disparaître sous les arbres, tout seul et tout petit, léger lapin noir sur la neige bleutée des sous-bois. Son cri triomphal de garçon roi faisait trembler les cimes d'un envol de corneilles. Louisa et moi tombions vite, effrayées par le ruisseau derrière les arbres, et je roulais sur le côté avec la luge. La tête qui tournait, les doigts froids et gourds, le silence et la soudaine solitude de la luge immobilisée sous les arbres. Un regard en arrière, bien loin les sœurs et Klaus me font de grands signes pour que je remonte, c'était leur tour, dépêche-toi Isadora, tu traînes. Et il fait soudain très froid. Et la pente est devenue côte, et paraît encore plus abrupte, un mur blanc dressé sous la Maison, une vague solide traversée par l'ombre rapide des nuages.

Harriett était la plus alerte. Elle filait sur la luge avant même qu'on ait eu le temps de la voir grimper dessus. Un clignement d'œil plus tard, elle fusait déjà sous les arbres. Bien sûr qu'on aurait dû lui dire d'aller plus doucement, on aurait dû la surveiller, mais au lieu de ça on s'émerveillait toujours de sa vivacité de lutin facétieux, on l'encourageait à foncer plus vite, à slalomer entre les arbres, à tous nous dépasser, à s'arrêter le plus loin possible. Alors, cette après-midi-là, quand on ne l'avait soudain plus vue au bout du champ, nos visages blêmes d'incompréhension et d'angoisse s'étaient tendus vers la forêt, attendant qu'elle surgisse, silhouette minuscule, en riant. On a tous compris en même temps, et on a couru plus vite que jamais, et j'étais terrifiée et épuisée avec la neige jusqu'aux genoux qui nous empêchait d'avancer plus vite, comme une mer houleuse nous entraînant dans ses courants. Klaus fut le premier au ruisseau. Harriett tremblotait en pleurant dans ses bras quand j'arrivai, et ses cheveux trempés se plaquaient sur ses tempes en accroche-cœurs bleutés.

Tout le monde a ri de cet événement. Les autres l'appelèrent « le grand bain de Harriett ». Et ils le racontaient chaque année, dès les premières neiges. Et Harriett riait, disait que ça ne lui arriverait plus jamais, qu'elle maîtrisait bien mieux la luge à présent, qu'elle pouvait aller encore plus vite et s'arrêter pile avant le ruisseau. Mais moi, silencieuse et les poings crispés d'angoisse sous la table, je me souvenais de l'abîme incommensurable qui s'était ouvert dans mon ventre quand je ne l'avais soudain plus vue sur sa luge, au bas de la pente. Cette sensation de souffle coupé. Cette bascule au bord du vide, comme une voix qu'on arrache, les yeux exorbités sur un blanc de néant. Je me suis vue seule, à ce moment-là, et les autres dévalaient déjà le talus pour venir à sa rescousse. J'ai entraperçu, ce jour-là, ce que ma vie serait sans ma petite sœur.

Quand j'ai appris, pour la voiture encastrée dans le flanc de la montagne, pour les feuilles mortes qui glissaient sur la route, pour la pluie battante, j'ai immédiatement pensé qu'elle avait eu un accident de luge. C'était idiot, mais dans mon esprit profondément assommé par la nouvelle, nous étions enfants en hiver, et elle allait toujours trop vite dans la plaine enneigée. Et j'ai ressenti exactement le même basculement dans le vide. Je le ressens encore aujourd'hui.

Les hivers sans Harriett, soit qu'elle fût partie en vadrouille, ou déjà décédée, ressemblaient de plus en plus à de longues marches vers la mort. Les flocons ne me semblaient plus virevolter joyeusement comme avant, quand ma petite sœur et moi restions le nez collé au carreau, éblouies par leur danse cotonneuse. À présent, ils dérivaient lentement dans un ciel gris, et s'aplanissaient avec pesanteur sur l'herbe déjà blanchie.

Et puis, c'est en hiver aussi que j'avais refusé la demande en mariage d'Oktav. Le Pont-Noir était tout blanc dans le ciel blanc et la Ville blanche, et de petits cristaux s'accrochaient aux épaules de son grand caban bleu nuit. Il écartait les bras pour que je m'y blottisse, je connaissais par cœur l'odeur nouée dans son écharpe. Il aurait été si facile de se nicher dans la menthe réconfortante de son haleine fraîche, et de lui dire oui, je veux t'épouser. D'embrasser sa bouche comme un bonbon, de sentir ses lèvres s'étirer en un sourire contre les miennes, ce genre de sourire irrépressible qui empêche le baiser profond mais le rend pourtant si savoureux.

Je me demande ce qu'est devenu Oktav, parfois. Non que je regrette de ne pas l'avoir épousé, mais je serais curieuse de voir à quoi ressembla sa vie, après moi. Je sais qu'il a dû aimer à nouveau, il avait l'amour facile, il s'attachait aisément, parce que c'était un garçon charmant. Il était drôle, et vif, alors bien sûr il a dû s'adapter à une autre peau que la mienne, passer ses doigts dans d'autres cheveux. À une époque, cette pensée me faisait enrager, et, à présent que je suis vieille et plutôt laide, je me dis que je me serais lassée de lui, un jour ou l'autre. Il se serait empâté, il serait devenu bougon. Il aurait voulu des enfants, sans doute, et moi je ne me suis jamais sentie mère, uniquement fille et sœur. Je fus une fille passable, peu tendre, mais une sœur exceptionnelle, je le crois. J'aimerais bien être encore sœur.

Tout s'est accéléré à la mort de Petit Père, peu avant mes quarante ans, et quelques années après l'accident de Harriett. J'ai été bien contente de ne pas avoir de mari sur le dos, qui m'aurait empêchée de reprendre la Maison. Il m'aurait appesanti de conseils avisés, sans doute, aurait préféré abandonner cette bicoque qui épuise les êtres et engloutit les économies. Au lieu de ça, seule, j'ai pu tenir tête à toute la famille. On s'est réunis un week-end, en décembre. Le testament de Petit Père avait révélé, sans surprise, qu'il me léguait la Maison. C'était logique, presque convenu, sans drame apparent : j'y demeurais seule avec lui depuis quelques années déjà, alors que tous avaient migré vers de plus grandes villes, des bords de mer criards. Nous prîmes place, Louisa, Klaus, oncle Bertie, Suzy, tante Hilde et les cousins, à cette grande table de fête, remplie pour la première fois depuis bien longtemps. La douleur de voir combien nous étions moins joyeux qu'autrefois, combien nos visages étaient blêmes dans cette lumière auparavant si chaleureuse… Nous étions si silencieux, si penauds autour de cette grande table, que nous entendions les craquements de la charpente, les crépitements dans les murs. Personne n'osait parler, personne n'osait commencer à évoquer l'avenir de cette grande baraque. Tous ici, à part Suzy, avaient appris à marcher sur les lattes de ce plancher. Oncle Bertie avait les yeux humides et le visage émacié par le deuil. J'avais les larmes aux yeux de le voir ainsi pleurer son petit frère, un peu comme j'avais pleuré ma petite sœur. Je reconnaissais son deuil, comme deux soldats d'un même régiment se sourient faiblement, agonisant dans une tranchée écroulée. Nous avons fini par parler, en mots soupesés et rauques. Au début, ils n'osèrent guère me contredire quand j'affirmai qu'il était hors de question de vendre notre Maison. Et puis, Hilde la première évoqua l'état général du bâtiment et le coût d'éventuelles réparations. Aleksander, devenu plus sec encore que sa mère, assena quelques chiffres, bien droits sur une feuille blanche, que le sceau de son cabinet de notaire, en haut à gauche, noircissait comme une grosse mouche opaline. J'écoutai à peine. Ils parlèrent presque tous, sauf Louisa qui, la tête inclinée, les joues caves, me sondait de sous ses cils. Nous nous regardions en silence pendant que tous commençaient à s'agiter autour de la table. «Elle vendra pas», coupa-t-elle soudain, sans desserrer les dents, mais avec une force surprenante. Elle se leva et répéta que je ne vendrais pas et que c'était une perte de temps, cette réunion. Qu'elle connaissait mes yeux et que j'avais déjà pris ma décision. Je lui donnai raison. Ils s'agacèrent un peu puis, sur le pas de la porte, me souhaitèrent beaucoup de courage pour maintenir à flot cette bicoque vieille de plus d'un siècle. Seul Klaus eut quelques mots vraiment gentils. Je restai sur le perron, une fois les voitures parties. La brise remuait les feuilles mortes poussées contre les marches de pierre. Un grand silence montait de la forêt, sur la droite, et la résine sèche des sapins rois eut un goût d'acier, fugacement. Je resserrai les pans de mon châle sur ma poitrine, et rentrai dans la Maison. La porte d'entrée se referma lourdement sur moi, et son bruit sourd monta dans les étages et se répercuta comme un grondement dans le hall. Ça y était. J'étais seule dans la Maison.

L'hiver passa très vite, avec toutes les affaires de succession à régler, l'inventaire des travaux à effectuer au printemps, changer la chaudière, consolider la toiture, installer un vitrage plus solide à la fenêtre de la salle de bains verte, au premier. Le vent y siffle et le carrelage, bassin dormant d'eau lumineuse, y est glacé. Je commençai par vendre la ferme que nous possédions près du village, et qui ne nous rapportait plus grand-chose, tant nous avions cédé nos parts aux maraîchers qui y travaillaient. Je récupérai de quoi payer les réparations. Nos deux autres terrains, des bois de l'autre côté du canton, étaient assez rentables en période de chasse, grâce à la taxe sur le gibier que nous y avions instaurée. Remercions les cerfs de courir chaque année sur notre mousse. Pour le reste de nos rentes, qui avaient évité à toute une partie de la famille de travailler, au prix de quelques sacrifices, elles consistaient en un petit appartement, à la Ville, que nous louions hors de prix à des étudiants désespérés, ainsi que quelques actions dans une compagnie hôtelière en bord de mer. Je me contentai de laisser fructifier, en plus de tout ça, la fortune héritée de la grand-tante Babel, habilement placée, et de mettre au clou quelques-unes de ses pelisses. Je me renversais sur ma chaise, en fin de journée, quand la nuit envahissait le carreau. Mon regard glissait sur le bureau de Petit Père, où une photo de nous enfants – je faisais une tête odieuse dessus – prenait la poussière. Les soirées se ressemblaient; je traînais les pieds jusqu'à la cuisine, regardais dans le cellier ce qu'il me restait comme boîtes de conserve, et réchauffais tel ragoût ou telle potée dans ma casserole préférée, la blanche à bords hauts, ornée d'une frise de fleurs désuètes. On en a bouilli, des soupes, là-dedans. Je montais me coucher après une tisane sirotée au salon, devant le feu, en silence. Mon petit lit était bordé près du lit froid de Harriett. Je n'avais pas la sottise de lui murmurer bonne nuit, je savais bien qu'elle était morte, mais enfin je lissais du plat de la main ses draps intouchés. De légers plis s'y logeaient parfois, comme si quelqu'un s'y était assis. J'éteignais la lumière et le noir complet se faisait dans toute la Maison, avec un silence de tombe qui la remplissait, opaque et terrible, de la cave au grenier.

Je passai encore un hiver seule dans la Maison, et cette fois-ci la solitude me frappa de plein fouet. Quand je revenais de la réserve à bois et regardais la Maison se dresser, toute blanche au milieu du jardin de neige, j'imaginais voir une fenêtre s'allumer, à l'étage, un visage familier s'encadrer derrière un rideau. Il n'y avait personne, et j'alignais mes bottes désormais seules à côté du paillasson.

À l'aube de l'automne suivant, je fis passer une annonce dans le journal régional, « Recherche locataire pour l'hiver, grande maison chauffée, calme, jardin, respect de l'intimité ». La boulangère m'assura qu'elle placarderait mon offre dans la gare, à la Ville, la prochaine fois qu'elle irait voir son fils.

Rusbrock, mon locataire, arriva le vingt novembre. Un herboriste, comme Harriett, c'est drôle. C'est ce que je lui dis, quand il se présenta, avant la visite de la Maison. Oh alors nous pourrons discuter des plantes du coin, votre sœur et moi. Je ne crois pas, monsieur, je ne crois pas. Il ne me questionna pas davantage. Il avait vécu, lui aussi. Il avait la petite dizaine de plus que moi, cette dizaine charmante qui le plaçait juste où il fallait pour remplacer le grand frère absent et le père mort. Rusbrock était pragmatique, décemment intelligent. Il appréciait ma trentaine bien tassée, j'aimais sa voix grave et chaude, qui avait quelque chose de liquide et de saumâtre, comme s'il avait avalé un fleuve. Son nez long lui donnait l'air aimable, et son dos un peu voûté lui aurait ôté tout charisme sans la peau rougie de ses grandes paluches, des mains de jardinier, caressantes. Je n'avais pas connu d'homme depuis Oktav

– depuis presque quinze ans ? Le contact d'une paume chaude glissant sur ma peau me suffisait, éveillait le grain endormi de mon épiderme, hérissait le duvet blond de mes flancs nus sur les draps. Mes hanches étaient un peu plus rondes que la dernière fois qu'un bras les avait enserrées, parce que je m'approchais davantage de la quarantaine que de la trentaine. Nous ne faisions l'amour que dans sa chambre, l'ancienne de Suzy et Bertie. Hors de question de souiller ma chambre d'enfant, de troubler nos jeux tranquilles, à Harriett et moi.

Rusbrock, par je ne sais quelle magie sylvestre qui fait se reconnaître entre eux les êtres de la forêt, se fondait à merveille dans les bois de mon enfance. Il ne jurait pas, comme Oktav, sur mon paysage familier. Il avait les yeux couleur de mousse humide, des pommettes rosées comme des bourgeons naissants (la couperose), une belle épaisseur d'épaules, fortes à porter les bûches pour la cheminée. Ma tasse de thé au bord des lèvres, je le regardais s'éloigner dans le jardin à travers les petits carreaux déformants de la cuisine. Sa drôle de silhouette s'y gondolait, toute brune sur la neige du matin. J'entendais, quelques minutes après, la porte de la remise gémir sur ses gonds, et les ahanements rauques de Rusbrock qui retaillait les souches. Je l'ai vu manier la hache, avec ces gestes assurés d'homme qui fend comme il respire. Il rentrait, les lèvres collantes d'écume, qu'il essuyait rudement dans son coude avant de déposer un petit baiser sur mon front. Sa main froissait mes cheveux dans la nuque, et il renversait toujours un peu de thé quand il remplissait sa tasse. Sur le bois, les gouttes d'ambre liquide reflétaient la neige mauve du dehors.

L'hiver passa comme un rêve familier qu'on refait toutes les nuits. Nous nous réveillions, les matins, chacun dans son lit, puisque je retournais dans ma chambre d'enfant après nos langueurs nocturnes. Je n'ai jamais pu supporter de dormir avec quelqu'un, et Rusbrock, de surcroît, soufflait trop fort. La grand-tante Babel, cependant, le battait jadis sur ce terrain-là.

J'oubliais, au cours de la nuit, que je n'étais pas seule dans la Maison. C'est ce qui sans doute permit à Rusbrock et moi de nous supporter tout l'hiver. Chaque matin, mes paupières se dessillaient sous l'afflux de lumière blanche venant du jardin. Je me levais, ouvrais les volets, neige ou pas neige, le froid toujours; je toussais un peu en enfilant ma robe de chambre. Le parquet grinçait sous mes pantoufles, et c'est en arrivant dans le couloir, en voyant les portes ouvertes, et en distinguant, depuis la salle de bains verte, le chuintement d'une lame de rasoir sur une peau d'homme, que je me souvenais de Rusbrock. J'étais alors heureuse, inexplicablement heureuse, de sentir cette vie au fond du couloir. Je poussais tout doucement la porte de la salle de bains, et, rouge et rose dans l'émeraude glacé du carrelage, Rusbrock était penché sur le miroir. Il souriait en me voyant apparaître dans le reflet, derrière lui. Il sentait bon l'eau de Cologne, et sa peau luisait encore du bain qu'il venait de prendre, et le carrelage se désembuait déjà, car il aimait l'eau à peine tiède. D'une main, il écartait son rasoir, et de l'autre m'attirait contre lui pour déposer un baiser sur mon front. Je plissais les yeux dans un sourire. L'eau laiteuse dans le lavabo tourbillonnait quand il débouchait le siphon, et il claquait deux grosses mains pleines de baume sur ses joues à vif. Il me pinçait les côtes en me suivant dans le couloir, et nous descendions prendre le petit déjeuner.

J'aimais le voir dévorer son pain roussi, je le sentais en bonne santé, grâce à moi, avec cette insouciance de l'homme satisfait dans son corps, l'homme qui a aimé l'amour de la veille et qui ne se pose pas de questions. Et puis, tout d'un coup, cette satisfaction m'agaça au plus haut point. Je le regardai un matin dévorer sa tartine, et je me rendis compte que l'hiver touchait à sa fin et que, lui, pas une seule fois, ne m'avait regardée avec joie manger une tartine. Je m'aperçus qu'il s'en fichait, à vrai dire, et que l'amour serait en fait le même chaque soir, une sorte de rançon pour ses bons services de la journée, le moment qui ponctuait, pour lui, une après-midi à fendre des bûches. Février me fit comprendre combien je n'aimais pas Rusbrock, combien je n'aimais pas l'amour avec Rusbrock, le thé avec Rusbrock, les discussions avec Rusbrock.

Petit à petit, ses paumes calleuses me devinrent insupportables. Il caressait comme on lisse les plis d'une nappe, à petites saccades, du plat de la main. J'en concevais de l'horreur pour ma propre peau. Le matin, dans la petite salle de bains verte à la fenêtre qui coince, je me retrouvais seule dans la baignoire visqueuse, et je frissonnais de dégoût en frottant le savon sur mon ventre. Là il avait posé ses vilaines mains, ses vilaines babines. Il me répugnait lorsqu'il traînait dans les étages, à pas pesants ; la Maison craquait sous son poids. Il se sentait chez lui partout, dans le salon, dans le jardin, dans moi. Un jour qu'il revenait du bois, après une marche solitaire dans la neige, il me confia combien il appréciait ce lieu. Ce fut l'élément révélateur qui me fit comprendre tout ce qui n'allait pas, tout ce qui me dérangeait. Il aimait la Maison ; nous devenions rivaux. Il osait me faire remarquer, à moi, en se pensant le premier à l'observer avec tant d'amour, combien tel pignon, côté sud-ouest, était ouvragé, combien tel arbre du verger était exceptionnel. Il tentait de se rendre légitime ici au même titre que moi, qui y avais grandi, qui avais la Maison dans le sang, qui avais vécu toute ma vie entre ces murs. Je lui répondis, un beau jour, sur un ton glacé, qu'il n'avait pas à aimer la Maison, puisqu'il en partirait avant le printemps. Jamais ni la Maison ni moi ne lui appartiendrions. Rusbrock ne deviendrait pas un propriétaire ; il resterait un locataire, à jamais de passage. Son gros dos passa la porte pour la dernière fois mi-février. Il avait oublié un caleçon sur le rebord de la baignoire, en guise de dernière grossiè-reté.

Toujours se méfier des amours d'hiver. C'est le corps qui réclame, par instinct de survie, un autre corps chaud contre lequel se blottir. À la fonte des neiges, tout réapparaît, dans sa vérité nue, dans sa primeur verte d'herbe jeune.

Ce fut le premier et le dernier locataire hiver-nal que j'eus jamais.

Les hivers qui suivirent furent, en un sens, ceux que j'avais toujours attendus. L'expérience inédite d'une solitude radicale, le défi que je me fixais désormais chaque année, avec un fris-son de plaisir, quand tombaient les premiers flocons devant intensifier ma réclusion. La route étouffée sous une neige durcie nuit après nuit par d'intenses froids constituait la muraille impénétrable de mon château. J'aurais pu demander à la municipalité de monter jusqu'à ma colline pour y saler la route, la rendant ainsi accessible, me permettant de me rendre au vil-lage pour y faire mes courses. Mais je ne le fis pas. Je me réjouissais, secrètement, de transfor-mer la Maison en palais de glace, me donnant l'impression d'être absolument seule au monde, dans cette campagne blanche et vide où craillait, de temps à autre, un corbeau solitaire. Le silence profond des bois enneigés, les plaines uniformes qui se déroulaient au pied de la colline, annihilaient complètement l'existence des autres. J'étais véritablement, durant ces hivers terribles, la seule maîtresse du monde qui m'entourait. L'hiver agissait comme un charme, et nous laissait seules, la Maison et moi.

J'étais une ombre, en hiver. L'ombre d'une goule, d'une harpie, d'une banshee, que sais-je, une créature qui ne sait plus si elle vit. Les repas pris seule, le grand silence de la Maison vide, le cliquetis des radiateurs, un gargouillis dans mon ventre, tout devenait et plus bruyant et plus silencieux. Les bruits de la Maison me paraissaient des bruits organiques et mon souffle me semblait mécanique, calculé, artificiel. Je n'avais personne à écouter, alors je m'arrêtais parfois, saisie d'un doute stupide, et mesurais mon pouls, surveillais ma respiration. J'avais soudain peur d'être devenue un esprit, sans m'en être aperçue, d'avoir glissé sans un bruit dans l'inexistence. Je surprenais mon reflet dans les glaces et je me trouvais laide, affreuse, vieille. Je me disais que si je m'étais vue ainsi, petite fille, j'aurais cru voir une sorcière, et je riais de stupeur en palpant ma peau raide. Mes joues creusées, mes mains froides, mes lèvres bleuies me captivaient. C'était donc elle, cette Isadora Aberfletch adulte, à laquelle j'avais songé parfois, enfant, allongée dans mon lit. Vieillir ne m'avait jamais fait peur, mais j'étais curieuse. À quoi ressemblerais-je, mes cheveux seraient-ils d'un gris sale ou d'un blanc lumineux? Me voir, à présent vieille, est toujours étrange. Je me regarde et je ne retrouve plus comment j'étais, petite fille. Je peux bien sûr faire un travail mental pour effacer mes rides, remplir mes joues, égayer mes yeux, pour tenter de me souvenir de mes traits d'avant. Mais c'est toujours une mystification, il n'y a qu'un flou rosé, un mensonge de candeur. La vérité c'est qu'on ne se souvient pas de notre visage. On le reconstitue imparfaitement tout comme, enfant, l'on s'amuse devant le miroir à s'imaginer plus vieux, et qu'on se fronce la peau. Mais je, je, je, je m'abrutis de moi-même, je me boursoufle. Depuis que je vis seule à la Maison et que le «nous» a cessé, et encore davantage maintenant que je suis dans cet institut, le je est omniprésent et je ne le supporte plus. J'étais tellement plus heureuse quand j'avais autre chose à observer que moi-même.

L'hiver m'apportait cette hyper-conscience de mon être, cette altérité du corps, cette étrangeté. La neige éblouissait comme le vertige des pensées trop profondes, des idées sans plaisir. Je me complaisais dans un état de solitude tellement intense que j'oubliais que la Maison était habitée, même par moi. Je riais de me voir vaciller aux bords de la raison, consciente du blanc perçant qui, tout autour, vrillait mes tempes, du silence opaque qui assourdissait mes tympans.

Je crois cependant que j'aimais être seule. Je pouvais explorer d'autres êtres à soi. Certains jours, j'étais reine. La Maison m'appartenait tout entière, un bon feu brûlait dans la cheminée, et les conduits qui s'entrecroisaient dans les étages convoyaient une forte chaleur, vive, piquante, à goût de pin. Les parois vibraient d'une tiédeur intime, j'allumais toutes les petites lumières, et c'était alors un grand ruissellement de jaunes dans les pièces tamisées. Les abat-jour laissaient filtrer une tranquille lumière orange et semblaient palpiter, champignons lumineux dressés sur les guéridons. Les lustres, écaillés de champagne, brillaient comme les gorges chaudes de dragons miniatures. Mon palais était rutilant, il y faisait bon vivre, tout chaud comme ça, un repaire universel contre le froid du ciel. J'étais seule survivante d'une nuit sans fin. Je me sentais fière, capable de vivre sans personne, sans ceux de mon espèce, juste avec le bois brun du parquet, les lourds rideaux qui chauffaient les fenêtres, et les ampoules incandescentes. Je régnais sur tout ce petit mobilier avec une majesté d'impératrice, et j'empruntais la dernière des pelisses de la grand-tante Babel pour m'en draper les épaules. La transformation était complète. Sur mon corps de quinquagénaire, sur mes hanches flasques déjà sans même avoir porté la vie, les pans d'hermine battaient comme un tambour. J'appréciais la pesanteur des bêtes mortes sur mon dos. Je marchais à pas lents de bout en bout dans la Maison, et la traîne de fourrure me suivait comme un lourd serpent louvoyant. Bêtes fauves, bois de camphre, pin qui brûle et pain qui fume, j'emplissais la Maison de chaleur et de lumières. J'en étais la force vitale, l'organe palpitant dans un thorax de charpentes et de pignons.

D'autres jours, aucune pelisse ne suffisait pour revigorer l'espace vide entre mes côtes, où soufflaient les exhalaisons, noires, d'une sourde terreur. L'hiver grignotait ma santé mentale, petit à petit, à coups de matins blancs et de lumières crues. Le silence me devenait insupportable, je l'entendais qui n'existait pas, tout autour. J'avais des hallucinations auditives. J'entendais parfois des pas crisser sur la neige dure, je bondissais de mon fauteuil pour coller un œil au carreau, fébrilement, et une sueur froide roulait le long de mon échine. Je haletais en fouillant du regard l'horizon nu, l'orée des bois noirs. Les grands arbres n'avaient plus rien de familier, d'accueillant. J'aurais pu, écœurée que j'étais de leurs branches chétives et stériles, tous les faire abattre. Le jardin était laid. La neige rendait tout ruisselant, humide, crissant. Le chant des oiseaux même devenait inaudible. Ils me faisaient sursauter dans ma léthargie hivernale, d'un criaillement subit qui tranchait l'air froid. J'étais aux aguets. Des jours entiers, parfois, je me persuadais, presque autant consciente de l'irrationalité de la chose que profondément troublée par l'éventualité qu'elle soit réelle, que des spectres rôdaient autour de moi. C'étaient les âmes mortes de ma famille, la main glacée de ma mère qui agrippait mes cheveux dans la nuque et me plaquait contre le dos du fauteuil. « Tu ne m'as pas aidée à mourir », soufflait-elle dans mon oreille qui bourdonnait de solitude.

Jamais l'esprit de Harriett ne me sembla une menace, cependant. Je l'imaginais glisser autour de moi, arpenter les couloirs et les chambres, comme pour vérifier que tout était encore à sa place. Les craquements du parquet, dans les étages au-dessus de moi, me rassuraient presque. Je reconnaissais le pas dansant de ma petite sœur invisible, qui courait dans le grenier. Harriett m'aimait encore, du fond de son cercueil.

Parfois, mes réflexions étaient coupées net par la sonnerie aigre du téléphone. C'était Louisa, qui me demandait si l'hiver n'était pas trop rude, à la Maison, si j'avais quelqu'un qui venait me visiter. Je lui répondais que oui ; elle me laissait tranquille. Elle me racontait comment son deuxième mari et elle comptaient partir skier dans les montagnes, ces mêmes montagnes où la grand-tante Babel séjournait pour ses cures thermales. Il y avait une neige de luxe, des sommets mythiques ; son mari se piquait de randonnées, de temps à autre. Son petit Kurt réussissait bien à l'université, il avait, croyait-elle, une copine, mais enfin elle ne voulait pas s'avancer. Je marmonnais des réponses monosyllabiques, étranglée de gêne. Les coups de fil de Louisa me faisaient pourtant secrètement plaisir. Nos rapports étaient relativement froids, tant nous méprisions en secret les choix de vie de l'autre. Mais sans nous comprendre, nous coexistions malgré tout, et cela était plaisant à constater. « Nous viendrons à la Maison aux beaux jours », disait-elle. Et c'était tout. Je raccrochais, et je me sentais vide. Derrière moi, un rideau bougeait. Je me retournais brusquement, le cœur tambourinant, les yeux fixés, avec horreur, sur le velours épais. Il n'y avait rien. Il n'y avait jamais rien.

Klaus appelait peu, mais il appelait toujours plus souvent en hiver que le reste de l'année. En hiver, il était en résidence dans telle ou telle capitale, où il dirigeait les orchestres pour les concerts de Noël. Il composait vaguement, commandait du whisky dans sa suite, et pensait, de temps à autre, à sa petite sœur, au fond de la campagne de son enfance. Les appels de Klaus me laissaient toujours au bord des larmes, très fragile, très seule. C'était mon grand frère chéri, que j'avais toujours admiré, qui parlait avec une chaleur toute naturelle, qui me faisait sentir immédiatement chez moi. Klaus n'avait pas peur, contrairement à Louisa, de parler du temps passé, et j'adorais quand nous évoquions notre enfance, nos étés, pendant une heure ou deux, au téléphone. C'était alors comme un grand éblouissement dans la Maison, je me sentais heureuse à en pleurer, à me tenir là, dans notre tanière familiale, seule gardienne du temple. L'effroyable bonheur nous rendait volubiles ; c'étaient des rires à gorge déployée en nous remémorant les mésaventures, les petites trouvailles, de nos années d'enfance. Nous arrivions presque à parler de Harriett sans tristesse, maintenant. Elle faisait partie de nos souvenirs de la même manière qu'elle avait fait partie de nos vies : sa joie, ses moues, sa curiosité subsistaient, comme en surimpression, dès que nous prononcions son nom. Harriett, avec le tapotement final de la langue sur les dents, était le mot magique qui chamarrait nos discussions. C'était la garante d'un passé qui avait été, pour nous tous, la plus belle époque de notre vie. Quand nous raccrochions, la Maison me semblait habitée à nouveau. Je me penchais vers l'âtre comme avant, et Harriett, Louisa et Klaus venaient glisser leurs petits visages avec moi pour contempler le brasier, fascinés par la danse du feu. Leurs hanches aiguës me bousculaient pour avoir la meilleure place devant le foyer, là où ça réchauffe le plus. Chauffons-nous ensemble, tant que le bois brûle et que le feu crépite.

Il y a une cheminée, dans la salle commune, ici. Quand je quitte ma chambre, c'est là que je vais, mais je crois que le directeur de l'hospice fait des économies, car aucun feu n'y brûle jamais. Alors je m'en retourne par les couloirs carrelés qui résonnent de souffles moribonds.

Bientôt, ce sera mon premier hiver sans la Maison. Je ne peux guère l'imaginer. De la neige sans les sapins, du froid sans le volume réconfortant des pièces connues, les fêtes hivernales sans les figurines de Harriett sur le manteau de la cheminée. Rien ne me réjouit plus dans ce qui vient. Rien ne pétille, rien ne réchauffe l'intérieur. Je suis comme la Maison qui s'écroule entre les arbres.

Je sais que je ne peux déjà plus m'étirer dans mes draps, parce que les membres sont gourds. Ne plus pouvoir s'étirer, et pourtant que faire. Je suis une mémoire, un monde. À l'intérieur de moi courent les petits Klaus, Louisa, Harriett, avec leurs yeux couleur d'étang sale. Ces enfants ne vivent plus qu'en moi.

Je ressasse, à longueur de journée, je pense, je pense, je revois, sans revivre. Je fais l'expérience répétée de l'échec des souvenirs, de l'imperfection de la mémoire. J'oublie des choses qui ne resurgiront pas, et l'entreprise me semble alors perdue d'avance.

Je trempe en permanence dans les eaux tièdes de l'étang entre les saules, l'étang caché de l'oncle Bertie, et Suzy est rose dans son peignoir de soie, les matins d'été, à la table du petit déjeuner. Bertie a la main serrée sur sa nuque, il joue avec ses cheveux. Ils sont tendres, et heureux, et morts. Si je meurs, quand revivront-ils ? Pour qui joueront-ils à jamais ces matins d'amour à la Maison, si ce n'est pour moi, qui les convoque à l'envi ?

Ici, on m'apporte les plateaux dans ma chambre. Je n'ai pas vu à quoi ressemblent les cuisines, ni qui prépare les repas pour moi. Je reconnais les plats qu'on me sert pour les avoir mangés ailleurs, préparés par quelqu'un d'autre, autrefois. Petite Mère cuisinait des plats ancestraux, des viandes qui mijotent et des légumes qui bouillent, tout ça parce que quelqu'un, un jour, il y a des millénaires, a décidé de couper la bête tuée en petits morceaux et de la mêler, dans un pot sur le feu, à l'eau où nagent les poissons, où roulent les petits cailloux polis. Les poissons ont toujours nagé, semble-t-il, ils descendent des rivières sans savoir où elles mènent, ils s'égarent dans les méandres, dans la lumière verte des eaux qui courent.

Ici, ils cuisent le poisson au four, la chair est ferme et dorée par les sucs. À la Maison, on faisait le poisson à la crème, et Petite Mère disait à Petit Père de chercher, au cellier, une poignée d'herbes spéciales, qui sèchent en longs bouquets de branches bleues, qu'on cisèle et qu'on jette dans la crème. Louisa adorait le poisson, on lui laissait volontiers notre part. Petit Père grondait un peu, il nous rappelait que ce petit poisson dans notre assiette avait donné sa vie pour nous, et on roulait les yeux au ciel. Klaus imitait le poisson, pour faire rire Harriett, elle faisait le poisson à son tour, on sautait de table en mimant les nageoires avec nos bras comme ça, et on glissait de pièce en pièce, comme si on nageait.

Klaus faisait des voix merveilleuses, pour chaque personnage qu'il créait. Il était très drôle, avec un esprit très vif, comme un poisson qui file, rapide, entre les herbes du lac.

Il fait nuit bleue, les volets sont fermés. Harriett et moi sommes dans nos lits, en pyjama, on n'a pas encore éteint la lampe de chevet; je veux lire. Klaus pousse brusquement la porte en bondissant dans la chambre, et il crie, comme une princesse offensée, « j'ai donné ma vie pour vous! », et il fond sur nous en nous étreignant, et on rit à en pleurer. Il repart aussi vite, on se roule dans nos draps en faisant les poissons, surexcitées alors qu'il faudrait dormir. On l'entend qui monte à l'étage en courant et Louisa crie de surprise, hilare, et l'on perçoit confusément la drôle de voix de Klaus le poisson qui répète la phrase de Petit Père, et on éclate de rire, Harriett et moi, bien bordées dans nos petits lits.

Je dors bien, ici. Mais je ne ris pas avant d'éteindre la lumière. La chambre est jaune et la nuit tombée n'arrange rien, elle ne fait que salir davantage ce jaune, elle le remplit de loups, de cauchemars et de migraines. Qui a choisi les papiers peints de cet hospice de vieux? Le même directeur qui interdit d'allumer la cheminée dans la salle commune?

Tout n'est pas mauvais, ici, pourtant. Je sais

que certains pensionnaires se lient d'amitié, se retrouvent pour jouer aux cartes, connaissent les prénoms des soignants. Ils commettent l'erreur de s'adapter. Si je m'adapte, j'ai peur d'oublier que ce n'est pas chez moi.

Je croyais m'être adaptée aux hivers seule, à la Maison. Je croyais avoir assez de force et assez de souvenirs pour peupler les étages silencieux. Je croyais être devenue une femme indépendante, fatiguée par l'expérience du locataire invasif. Je sentais les décennies blanchir mes cheveux, raidir ma peau. Je me sentais cuirassée de convictions profondes, et bien décidée à ne plus laisser personne rencontrer ma Maison.

Une année pourtant, je décidai de rompre à nouveau ma solitude hivernale. Ayant compris que je ne pouvais habiter avec personne, j'acceptai de partager ma vie avec des inconnus, mais cette fois en esprit seulement. Je rejoignis, l'automne de mes soixante-trois ans, un club de lecture par correspondance. Toutes les semaines, le comité envoyait le même livre à plusieurs lecteurs, et nous rédigions un billet destiné à être publié dans le journal, où nous débattions du roman en question. Au départ, il s'agissait pour moi d'un moyen de renouveler ma bibliothèque et d'exercer ma plume. Je fus même assez fière quand je vis, pour la première fois, mon nom imprimé sur la page du journal, à côté d'une retranscription fidèle de mon opinion sur le recueil de poèmes du moment. Je remarquai, au bout de la troisième ou quatrième publication, que mon avis et celui d'une autre lectrice étaient toujours sensiblement les mêmes, peu importait le livre à propos duquel il s'agissait de s'exprimer. J'aimais bien son style, et l'on sentait qu'elle n'était pas de première jeunesse, tout comme moi. Ses billets étaient signés Jésabel S. Elle me sembla si proche de moi que j'appelai la rédaction pour leur demander les coordonnées de ce mystérieux alter ego. N'y voyant là qu'une innocente toquade de vieille dame, ils ne m'opposèrent aucune résistance, et me confièrent l'adresse de cette Jésabel. Je regardai sur un guide. Elle habitait en plein centre de la Ville. Je fus presque déçue de constater que mon alter ego était urbaine. Je faillis abandonner mon amitié secrète pour elle, en m'imaginant qu'elle ne comprendrait aucunement mes goûts, mon amour pour les bois, pour ma Maison. Je me disais que nos vies étaient trop différentes. Je laissai le papier avec ses coordonnées sur le bureau, et n'y touchai plus jusqu'en décembre. Il n'avait pas neigé depuis deux jours, et un grand soleil avait fait fondre le duvet de cristal qui s'était mué en boue pailletée d'or. J'avais bu une tisane à la verveine, et je me sentais pleine de lumière. Je montai dans le bureau et me trouvai moins essoufflée que d'habitude. Alors, j'écrivis une lettre adressée à Jésabel Skatander, 4 rue du Vieux-Lierre, à la Ville. Je regardai l'enveloppe crème entre mes mains, le grammage du papier, la figure souriante du timbre, et la belle majuscule que j'avais bouclée pour le J de Jésabel ; ils m'apparurent comme autant de signes d'encouragement. Je descendis au village, glissai la lettre dans la fente de la boîte, et fis savoir à l'employé en charge du courrier que j'acceptais que ma route soit salée, cette année, pour permettre le passage du postier. Il eut un léger sourire : je ne sais s'il était provoqué par l'effort que je venais de faire pour relier le reste du monde à la Maison, ou par la désuétude de mon manteau. Toujours est-il que, dès le lendemain, une équipe municipale s'affaira tout le long de la colline, et je les vis, depuis la fenêtre du bureau, lancer à pleines poignées du sel sur la route luisante.

Il y eut ensuite l'attente. À présent que plus rien n'empêchait la réponse de ma mystérieuse correspondante de me parvenir, les autres obstacles potentiels me tourmentaient. Et si l'adresse donnée par le journal n'était pas la bonne ? Si elle avait déménagé, entre-temps ? Si elle trouvait mon entreprise ridicule, et méprisait ma campagne ? Et si enfin elle n'aimait pas l'odeur des sapins ou le goût du cerfeuil en omelette ? Qu'adviendrait-il ? Je craignais une déception profonde, une incohérence qui jaillirait entre nous deux, et qui balaierait l'incroyable connivence qui nous avait liées dans la revue littéraire du club.

Finalement, au bout d'une petite semaine, je vis le postier arriver dans sa voiture, déposer quelque chose dans la boîte aux lettres, et repartir. Le cœur tambourinant, je descendis quatre à quatre l'escalier en colimaçon et, tout étourdie, j'enfilai, tel un gros lucane malhabile, mes bottes de jardin, et clopinai jusqu'à la boîte en métal. Il y avait, tapi au fond, et que la lumière du jour blanc vint éclabousser d'acier, un paquet bleu-gris. Je le serrai contre moi dans le froid du matin et rentrai dans la Maison. Une bouffée de chaleur familière m'enveloppa quand je refermai la porte et, comme en songe, les yeux fixés sur la petite écriture serrée qui indiquait mon nom et mon adresse, j'ôtai mes bottes, mon manteau, et passai au salon, où je me laissai tomber dans le fauteuil. Le I d'Isadora était droit et ferme, et c'est sur le A d'Aberfletch qu'une légère ornementation se dessinait. J'ouvris le paquet. Il y avait deux choses, qui toutes deux me firent monter les larmes aux yeux : une lettre de deux pages, et un livre. C'était, qu'on le croie ou non, *La gloire secrète* d'Amber Gardano. Mon livre favori, mon livre d'enfance, l'histoire si décisive de cette petite princesse qui fuyait les conseillers de son père à travers le palais, parce qu'elle ne voulait pas qu'on la marie. Je me ruai sur la lettre, il me fallait une explication. Je ne lui avais pas mentionné ce livre. Ma lettre, à vrai dire, avait été assez timide, je lui avais brièvement parlé de la Maison, de combien j'avais trouvé nos billets semblables, dans le journal, et de ma curiosité. Sa lettre, à elle, était giboyeuse et généreuse. Jésabel devint, dès que j'eus atteint le point final de son courrier, la meilleure amie que j'eusse pu trouver, hormis Harriett bien sûr.

Jésabel avait une dizaine d'années de plus que moi, soit plus de soixante-dix ans. Nos similitudes s'avérèrent dépasser la simple adéquation du goût littéraire. Elle n'était pas mariée, était demeurée célibataire, avait eu un enfant cependant, mais mort-né. Elle avait vécu toute sa vie dans le même appartement où elle avait grandi. Elle avait vue sur les arbres d'un cimetière très ancien, qui déployait en pente douce de grandes pelouses d'un vert vif piquetées de papillons noirs. Les arbres étaient forts du terreau des morts. Son appartement était exceptionnel, disait-elle, presque intouché depuis son enfance, car elle aimait les vieux objets et les tapisseries passées. Elle avait des rituels précis, des recoins favoris, notamment le rebord de la fenêtre, garni de coussins, où elle aimait lire. Elle cuisinait très mal. La plupart du temps, elle commandait ses repas au traiteur du coin de la rue. Sa rue, elle l'adorait comme j'aime mes bois. Sa rue était étroite et tortueuse, médiévale et noirâtre, et les enseignes en fer forgé des boutiques y grinçaient au vent sinistrement. Les lampadaires dataient d'une centaine d'années, et leur lumière, un feu vif et tressaillant, jetait dans son logement une lueur mordorée qui la rassurait, le soir venu. L'appartement de Jésabel se situait dans un bâtiment tout en hauteur, étroit et branlant, et l'escalier en colimaçon qui grimpait dans l'immeuble biscornu sentait bon la cire et le pin. Elle avait un chat noir fin et souple, Elzéar, qui se faufilait entre ses jambes, derrière son dos, sous son bras, à tout moment, si bien qu'elle écrivait avoir, en permanence sur son corps, une excroissance duveteuse qui ronronnait.

J'aimai instantanément Jésabel et son petit monde. Notre correspondance demeura, pendant des années, fournie, confiante, une étincelle de joie dans nos vieillesses conjointes. Nous étions le miroir l'une de l'autre, transposées dans deux milieux différents. Nous étions comme les deux rats d'une expérience sur l'action du milieu sur un être : elle était le cobaye urbain, et moi le spécimen sylvestre.

Son papier à lettres, toujours bleu-gris, et le mien, toujours crème, s'entrecroisaient en un ballet régulier d'une poste à l'autre. Je souriais en voyant le facteur faire demi-tour devant la Maison, car je savais qu'il venait de déposer, sans le savoir, un moment de bienheureuse lecture dans ma boîte aux lettres. De deux pages, nos lettres en atteignirent quatre, puis six. Nous ne nous lassions jamais, avions toujours quelque chose à raconter, des souvenirs, des moments de vie, la couleur des feuilles dans les arbres. Je m'entraînais, par ce biais, à me raconter, à faire revivre mon passé. Cela me faisait du bien de ranimer nos jeux enfantins, à Klaus, Louisa, Harriett, les cousins et moi. J'adorais lui écrire, autant pour l'indéfectible alliée dont je sentais l'existence palpiter, si loin de moi, que pour les heureuses images qu'écrire mes souvenirs réveillaient en moi.

Nous ne nous vîmes jamais. Jamais même nous ne conçûmes un tel projet ; à quoi bon, nous nous entendions si bien. J'avais peur, tout comme elle, d'être à nouveau déçue, comme par tous les inconnus que nous avions laissés pénétrer dans notre foyer, du décalage qui subsistait toujours entre eux et notre monde familier. Je lui avais raconté Oktav, la gommette importune sur mon jardin, l'incohérence entre son être et mon milieu, l'expérience ratée, le cobaye sacrifié.

Un beau jour, elle dépassa le délai maximal, que nous nous étions fixé, des deux semaines sans réponse. J'en fus tout d'abord un peu étonnée, puis attristée. Je l'imaginai avoir trouvé une autre âme sœur, une voisine importune, qui aurait rompu le charme. Je renvoyai une lettre. Pour toute réponse, je reçus, trois jours après, Elzéar dans une cage, et le mot d'un notaire, qui spécifiait que, dans son testament, Mme Jésabel Skatander me léguait son chat et ses livres, et que le reste était donné à la Ville.

Elzéar se plut beaucoup à la Maison, je crois. Il venait immédiatement me câliner quand je fondais en larmes en préparant le thé, ou en arrosant mes fleurs. Mais l'excroissance duveteuse de Jésabel mourut à son tour, deux ans après. Je me retrouvai à nouveau seule.

Le reste de mes hivers passés à la Maison se compte sur les doigts de la main. Ils furent sinistres. De temps à autre, les gens du village venaient vérifier que j'étais toujours en vie. Cela partait sans doute d'une bonne intention, mais me poussait au bord d'un gouffre profond au fond duquel râlait la mort. Je me sentais vieille et vulnérable. L'hiver dernier fut celui qui décida mon départ pour cette maison de retraite. Les rentes grignotées par des années de maintenance de la Maison, par des années de boîtes de conserve achetées à l'épicerie, par des années de billets envoyés aux neveux et nièces, pour leur anniversaire, rendaient les hivers de plus en plus durs à tenir. Je devais faire venir un bûcheron pour couper mon bois de chauffe. Cela coûtait cher. J'économisais donc mes bûches, et l'âtre était souvent froid. J'avais fait installer un chauffage d'appoint dans ma chambre aux deux lits jumeaux, pour que ni moi ni le fantôme de Harriett n'ayons froid la nuit. J'avais cru la voir grelotter en silence, une nuit, et cela m'avait brisé le cœur. Ce chauffage était suffisant pour la chambre, mais la salle de bains aux carreaux verts était devenue plus glaciale que jamais, et l'air filtrait de nouveau à travers les jointures de la fenêtre. Je mettais un temps fou à descendre l'escalier. Tout mon corps était sec, et douloureux, et froid.

Au printemps, je décidai de vendre la Maison en viager à la municipalité, en leur faisant signer un contrat qui stipulait qu'ils n'y toucheraient pas, que personne ne viendrait y habiter, qu'ils mettraient un gros cadenas sur les grilles. Je désirais laisser pourrir la Maison. La laisser se démantibuler, s'effondrer sur elle-même, comme un cheval éreinté qui plie sur ses jambes, l'écume aux flancs. Je voulais qu'elle meure de mon départ, et qu'elle m'attende pour que je vienne la hanter, avec tous les autres fantômes de ma famille, quand je serais morte.

Printemps

Le printemps est beau, pourtant, à la Maison. Il est toujours le même. On le guette chaque année, avec Harriett, dans chaque frémissement de l'air froid. D'abord, timidement, la peau sirote le soleil neuf d'avril sans trop oser y croire, encore glacée par le long hiver lumière de marbre. Les cheveux devant le visage, on regarde les paillettes du soleil rasant danser le long des boucles. Il fait un peu frisquet tout de même, on rentre précipitamment en s'essuyant les pieds, car le perron est humide à cause de l'averse du matin. Alors on regarde, depuis les fenêtres de la cuisine, la douce chaleur raviver peu à peu les mousses du verger et les nappes d'herbe bleue du jardin dormant. Trois jours, une semaine qu'il fait plus chaud, on laisse les pulls de l'arrière-grand-mère sur le dos des chaises, et ils gisent pantelants avec leurs grandes manches qui traînent sur le carrelage, tout miellé de soleil chaud. On s'étire comme un chat paresseux glissant hors de la sieste, heureux comme un funambule qui se déplie, à l'heure dorée d'un zénith nouveau. On sent que quelque chose se passe, on écoute les oiseaux revenir dans les arbres, repeupler peu à peu tout ce monde immobile de cimes et de cieux. Louisa se ravive un peu, sa peau prend cette belle carnation des fleurs délicates, elle s'épanouit dans l'espoir du renouveau. Petite Mère craint les gelées, Petit Père appelle le jardinier pour la première tonte de l'année. Le protocole est relancé. On guette, jour après jour, les branches qui se chargent de bourgeons encore verts, tandis que le ciel se brouille de pollen vagabond. On rêve déjà aux robes légères qu'on sortira des armoires, pour sûr, maintenant que le soleil est là.

Mais avril a toujours été un mois très décevant, car, pour une semaine de chaleur affolante, on replonge aussitôt dans les rideaux de pluie glacée, dont on ne se sort plus, et l'on désespère à nouveau, avec cette peur irrationnelle que l'hiver va recommencer en étouffant l'été dans l'œuf. Les soirs de printemps, la douce lumière des derniers feux de cheminée tremblote en reflet sur le carreau où bat la pluie. On regarde les pommiers se tordre sous les bourrasques, déformés par les écailles liquides ondoyant sur la vitre. Harriett a son menton posé sur le poing, et elle soupire profondément dans la demi-pénombre du salon, parce que c'est à Louisa de jouer, et qu'elle hésite toujours trop avant de placer son mot sur le plateau. « C'est pas compliqué, Louisa, même moi j'y arrive alors que je suis en primaire », maugrée Harriett en se rencognant au fond du fauteuil. Klaus lui pince la joue, elle hurle, je ris ; Petit Père, depuis son bureau, nous gronde. Petite Mère passe en coup de vent et son ombre glisse devant l'âtre un court instant, nous privant de lumière. « Et puis on n'y voit rien ! » rouspète Louisa. « Bientôt les lunettes », fait Klaus malicieusement. « Ah ça jamais ! Plutôt mourir », souffle-t-elle avec effroi, faisant battre un ourlet de longs cils sur ses yeux écarquillés. « On va pas y passer trois heures ! » s'exaspère Harriett. Si bien qu'en fait, on y passait toujours trois heures.

Au fond, j'aimais bien les soirs de pluie. On écoutait les gouttes battre au carreau, la tête douillettement blottie dans l'oreiller, et les mains au creux des aisselles sous la couette, là où il fait le plus chaud, où le corps entretient sa propre tiédeur comme un brave petit foyer organique. « Écoute la pluie », je murmurais, quand Harriett me demandait si je dormais. Alors elle se taisait et écoutait. On était bien, dedans, au chaud, quand tout craquait et ruisselait au-dehors, avec le grand vent de la nuit qui poussait de toutes ses forces contre le bois de la Maison. Mais la Maison était toujours la plus forte, elle grinçait et gémissait de la cave au grenier, vaillant navire aux cales chaudes, elle frémissait de toutes ses planches, ses fenêtres grimaçant sous l'effort. Une légère angoisse me

traversait parfois, quand se joignaient aux hurlements du ciel les cris de la charpente, deux étages au-dessus de notre petite chambre. Il me
semblait alors que le vent allait enfoncer du
poing les volets, faire éclater notre cocon ouaté,
le silence des couloirs, les portes entrouvertes
de la Maison endormie. Harriett dormait déjà,
et je me disais que, si le vent entrait, je me jette-
rais sur elle d'un bond pour la couvrir, et je
subirais tout entière l'assaut des lames de pluie,
milliards de petits coutelas sur la peau. Je frémis-
sais dans les draps et puis, comme par magie, le
vent se calmait, et je sentais contre mes mains
ma peau tiède à travers le coton du pyjama. Je
remuais les jambes sous les couvertures, dans le
noir complet, et j'écoutais le frottement rassurant de mes mollets contre le drap. J'étais
vivante. J'étais dans mon lit, chaque membre
bougeait bien correctement, à ma pensée.
J'essayais des rythmes, avec cette délectation de
puissance enfantine, de maîtrise de son corps,
l'enchantement devant la coordination, un-
deux, un-deux, et un-deux-trois, un-deux-trois…
Et soudain dans le lit d'à côté montait un frottement qui se calquait sur le mien, deux autres
petits mollets qui joignaient mon rythme, et on
gloussait dans l'ombre, en se faisant reconnaître
des chansons, à coups de talons martelés sur le
matelas.

L'âge engourdit les membres comme une fin
d'après-midi maussade. On a un goût de vieux

thé métallique sur la langue, une langue pâteuse, calfeutrée derrière les lèvres toutes scellées de douleur. Au moins la lessive sent bon, ici, et les cols de chemise sont bien repassés, bien raides contre la peau du cou, avec ce frottement rassurant du vêtement propre. Mes mains sont gonflées de veines sur le tissu délavé de la chemise de nuit. Petites fleurs blanches sur vert pâle. Coton propre et coton frais, nuages bleus dans le ciel blanc. Tout est inversé. On fait tout pour moi, on lave mon linge, il disparaît, on le rapporte plié et repassé, avec une voix aimable qui attend un remerciement, alors on dit merci à l'aide-soignante, parce qu'elle aide et soigne. Elle n'y peut rien si on pleure un peu en voyant le linge impersonnel qui nous entoure.

Nous avions de beaux draps, à la Maison, des draps à initiales, dont on savait tout de suite quel lit ils avaient habillé. Ils étaient tous blancs, d'un blanc inimitable, et seules les lettres brodées nous permettaient de les différencier. Les draps étaient toujours la querelle taquine de Petit Père, de ma tante Hilde et de mon oncle Bertie, quand ils venaient nous rendre visite, avant. Petit Père tenait à ce qu'on leur donnât le même linge que celui qu'ils utilisaient respectivement enfants, avec leurs initiales brodées dessus. Hilde s'exclamait toujours : « Vous gardez ces vieilleries ! — On a les mêmes serviettes depuis qu'on est gamins, on les garde »,

171

grommelait Petit Père, vexé que sa sœur et son frère ne soient pas aussi attachés à la tradition que lui.

Petit Père nous avait raconté qu'à chaque naissance, la femme aînée de la famille brodait les initiales du nourrisson sur un jeu de draps qui le suivrait toute sa vie. L'art de l'initiale, l'art du rituel, une paire de draps qui nous suit comme un poids. *I. A.* en vert émeraude, pour les miens. Isadora Aberfletch. C'est drôle comme cette couleur, que la grand-mère, deux jours après ma naissance, m'avait attribuée arbitrairement, m'a suivie toute ma vie et a fini par définir mes goûts esthétiques. Je caressais du doigt, songeusement, quand je lisais à plat ventre sur mon lit, les pleins et les déliés des belles lettres majuscules, attachées solidement au drap blanc, ruisseau d'émeraude dans un écrin de plage. *I. A.* Je murmurais ces deux lettres qui sonnaient comme un cri de guerrière farouche, et j'adorais ça. Je me sentais prédestinée à combattre. Je lisais mon avenir dans les lettres brodées, je m'attachais aux moindres irrégularités du fil, et je me disais qu'elles correspondaient à des désagréments à venir. J'essayais de connaître l'âge auquel m'arriveraient ces irrégularités en fonction de leur place sur les lettres. Sur le I, début de vie, sur le A, plus proches de ma fin. Je n'ai plus les draps, je n'ai pas eu le droit de les emporter, ici. Je ne sais plus si les lettres avaient raison, finalement.

Un de mes moments préférés du printemps, c'était le Grand Ménage. J'y retrouvais la frénésie des jours de peinture, en été. C'était la même pureté de l'immaculé, ce même vertige de l'éblouissant, les draps qui claquaient et se gonflaient sous le bon soleil plein de pollen et de parfums, dans le jardin. On jouait entre les draps étendus, on se faisait peur en disparaissant entre ces voiles humides de navire ballotté sous l'azur. Au creux des draps qui séchaient, l'ombre était fraîche et exhalait le parfum si rassurant de la lessive familiale. On séchait à côté, Harriett et moi, étalées dans l'herbe encore froide des premiers soleils de printemps. Le bleu du ciel, le blanc des draps, le vert gras du gazon vivifié par la fonte des neiges des semaines précédentes, tout nous enivrait et réchauffait nos petits corps. Soudain l'humidité de la pelouse nous saisissait la gorge, ou bien la brise chargée de pollen nous chatouillait les narines, alors nous nous engouffrions dans la Maison comme une volée de moineaux, emportant dans nos cheveux de petits insectes qu'on découvrait avec dégoût le soir, en brossant nos tignasses. Lorsque les parquets luisaient d'eau savonneuse, Petite Mère nous criait de faire attention à ne pas marcher dans les pièces qu'elle venait de laver, alors nous longions les murs, comme des Sioux, en riant avec provocation quand on perdait l'équilibre et qu'un pied se posait maladroitement sur un endroit encore mouillé.

Petite Mère était tout en retenue, tout en discrétion, mais elle échappait de justesse au statut de potiche grâce à l'indépendance que réclamait sa peinture, et qui lui faisait passer beaucoup de temps seule dans son atelier sous la véranda, ou crapahuter dans le domaine à toute heure du jour. Nous ne la croisions guère, elle était relativement absente, un peu diluée, comme une aquarelle bucolique. Elle ressemblait à ces femmes pâles et douces vantées par les poètes, avec de grands yeux fanés. Louisa était une version beaucoup plus piquante de Petite Mère, au charme plus redoutable. Quant à Harriett et moi, nous craignions à la fois de devenir effacées comme elle, mais aussi de ne jamais pouvoir lui ressembler. Très tôt, nous nous étions résignées. Je m'aperçus que je ne voulais être la muse de personne, ni sacralisée ni chantée, à peine aimée. Je m'en fichais, surtout enfant. Petite Mère m'agaçait déjà, je me rappelle ; sa douceur m'irritait et m'apaisait à la fois, c'était un aiguillon et un baume. Aujourd'hui, je lui reconnais cet effacement salutaire qui fut le gage de notre liberté. Nous n'aurions jamais été aussi indépendantes si sa propre évanescence ne nous avait d'abord effrayées.

Au printemps, elle se remettait à peindre les fleurs. Alors qu'elle en connaissait par cœur les contours et les nuances, elle avait besoin d'avoir sous ses yeux les pétales effeuillés des primevères juvéniles, la faïence attendrie des myosotis qui moussaient sous les pommiers. Nous mettions un point d'honneur à lui fournir ses bouquets, et elle nous passait commande chaque matin ; pour ce soir je veux des bleutées, pour ce soir j'aimerais des nuances de jaune, de blanc, de rose. Nous réunissions, au gré de nos promenades, les fleurs désirées. Nos balades étaient ainsi accompagnées, tout doucement, par la voix de Petite Mère nous décrivant le bouquet voulu. Nous le lui apportions, vers la fin de l'après-midi, et elle peignait jusque tard dans la nuit, car elle aimait la lueur de l'âtre qui la forçait à être plus vive dans ses tons, disait-elle. « Mes bleus sont fades quand je peins à la lumière du jour. » Au matin, nous trouvions dans la véranda, sur le chevalet nimbé de la lueur de l'aube, un nouveau tableau, notre bouquet sur toile. Les vraies fleurs étaient dans un vase, sur la table de la cuisine. La Maison s'emplissait de bouquets, au fil des jours, chaque printemps. Ceux des jours précédents gagnaient les étages, ornaient les tables de chevet, les rebords de baignoires, les coins des fenêtres. C'était un grand fleurissement de la Maison, des petites touches de couleurs disséminées dans chaque pièce. On retrouvait des pétales dans nos draps, sous les meubles, parfois des semaines plus tard, quand ils étaient devenus secs et ambrés comme des ailes de papillons morts.

Parfois, et c'était plus rare, Petite Mère voulait peindre Louisa. Elle avait un visage de printemps, disait-elle. Harriett et moi ne nous formalisions pas. Nous aurions détesté poser des heures, et nous savions que notre sœur était la plus jolie. Il fallait alors transformer Louisa en nymphe. Nous courions vers le jardin puis revenions les bras chargés d'une moisson de corolles, que nous déversions par terre dans la véranda, des pivoines, des roses, des marguerites et des liserons. La véranda embaumait le poison des fleurs, et un léger alanguissement nous prenait, alors que nous restions debout autour de Louisa à piquer ses boucles de pétales délicats. Elle frémissait à peine, tout occupée à être gracieuse. Petite Mère lui souriait et caressait sa pommette avec un pinceau, puis nous chatouillait les oreilles quand nous passions devant elle, et ça nous faisait rire jusque dans la chambre. Nous les laissions à leur travail, et partions jouer de notre côté, ou embêter Klaus dans ses lectures ou son entraînement de trompette. Quand le tableau était fini, Louisa réapparaissait, le regard fatigué et les membres engourdis, et elle gardait, comme un diadème, sa couronne de fleurs sur la tête. Elle glissait en robe de chambre vers un miroir pour s'admirer ainsi, longue fée des bois aux joues rousses.

Louisa dessinait aussi, quand elle était enfant. On voulait lui dire quelque chose ou l'inviter à jouer, et puis on s'arrêtait, comme retenus, à l'entrée de sa chambre. Elle était penchée sur son bureau, sous la grande fenêtre qui laissait entrer une lumière de sieste. Le coude écarté comme pour prendre son élan, sa main immobilisant la feuille sur le bord de la table, elle dessinait des femmes élégantes et des sorcières inventées.

J'aimais la voir ainsi, appliquée, fébrile, qui n'entendait pas quand on l'appelait. Dans ces moments, elle semblait se retirer de la scène du monde où d'ordinaire s'exécutait son gracile ballet, pour se perdre en coulisses avec un délice d'égarement où nous ne pouvions la suivre.

Petite Mère et Petit Père s'extasiaient devant ses dessins, et nous les adorions aussi. Elle dessinait des scènes nées de nos jeux passés, ou bien inspirant les suivants. Notre imaginaire, je m'en aperçois maintenant, était commun à Harriett, Louisa, Klaus et moi. C'étaient des images et des personnages nés des contes qu'on nous avait racontés, enfants, des histoires de rois et d'ours, de sorciers et de guerrières, à mi-chemin entre un exotisme de jungle et une féerie de glace.

C'est douloureux de s'apercevoir qu'en fin de compte Louisa n'était pas différente de nous, au fond, alors qu'on la pensait souvent étrangère à notre fratrie. Aujourd'hui, je vois combien nous étions sœurs, insensiblement, sans que ce soit trop visible, presque en cachette. Elle est absente de beaucoup de mes souvenirs. Que faisait-elle quand Harriett et moi courions à travers le jardin, au printemps ? Le trouvait-elle beau avec nous ? Elle se promenait aussi sans doute, mais plus lentement, en voyant d'autres choses que nous ne sentions pas, dans l'opulence des fleurs écloses.

Le printemps était le moment où l'on se penchait à nouveau sur la terre. Le regard descendait soudain sur les pieds enfoncés dans l'herbe jeune. L'horizon s'abaissait d'un coup, on passait notre vie accroupis auprès des massifs tout poudrés de jeunes pousses, entre les racines grouillantes des arbres fruitiers, sur les grandes tiges mangées de pucerons. On faisait rouler un bourgeon entre nos doigts, tout étonnés de sa parfaite consistance, solide et douce, comme la pulpe potelée d'un doigt de bambin. On sentait les brins d'herbe vigoureux nous chatouiller les chevilles ; le vent tiède de mai gonflait nos vêtements débraillés par la course. On formait un tout avec le monde, le moi était une maison vide ouverte aux quatre vents, traversée de grands aplats de soleil. On redécouvrait le minuscule. On s'accroupissait une heure durant au pied du perron où on savait qu'une colonie de fourmis s'activait de plus belle chaque année. On traquait les pyrrhocores, ces gendarmes claudicants qui allaient, soudés deux par deux, couples monstrueux, se perdre entre les racines enchevêtrées des arbustes. Harriett surtout les surveillait, se plaisait à les contraindre, avec un bout de bois, à changer d'itinéraire. Sans relâche, elle faisait surgir devant eux des obstacles soudains, des cailloux, des feuilles, son pied implacable ; elle les harponnait, les harcelait, les étourdissait. Ses yeux brillaient d'un plaisir sauvage lorsque, d'un coup de bâton, elle les séparait en pleine fécondation ; elle regardait leur ventre gonflé de vie mystérieuse éclater sous la pression lente de sa branche. La carapace rouge était broyée dans son précieux jus, et nous jurions, mi-répugnées, mi-fascinées, de ne jamais tomber enceintes, si c'était pour avoir la panse ainsi remplie de poisse blanchâtre.

Et nous nous remettions à chercher, en fouillant dans tous les recoins du jardin, sous toutes les pierres, tous les massifs, quelle colonie nous pourrions torturer. C'était un massacre de fourmilières, un pillage de toiles d'araignées, un vandalisme du vivant absolument gratuit et délicieux. J'avais cependant peur que les insectes ne viennent se venger, à la nuit tombée, qu'ils ne s'acheminent en colonne pendant notre sommeil, et ne s'engouffrent dans nos bouches chaudes à demi ouvertes. Leur nombre m'effrayait, leurs petites pattes agitées de soubresauts de douleur me hantaient. Je leur imaginais même des cris intérieurs, un langage d'insecte souffrant, et cette pensée me torturait l'esprit. Je tirais Harriett par le bras pour qu'elle s'arrête. Elle reculait avec un air mauvais, en haussant les épaules.

La fièvre des générations, cette moiteur de fécondation du printemps, ça me répugnait, je m'en souviens bien. Je me sentais mal à l'aise, quand les chats au village miaulaient à la mort, quand les oiseaux se poursuivaient avec des froissements d'ailes fébriles. Je les trouvais brusques, ils me faisaient sursauter, je les chassais en courant. Le printemps me martelait, à l'adolescence, de son enclume amoureuse, je me sentais broyée. Le sceau ne s'imprimait en moi qu'avec dégoût. Je n'en pouvais plus de saturation lubrique autour de moi, j'étais trop jeune, je ne comprenais pas. Ce triomphe du bourgeonnement impudique, ces relents de pollen envahissants, ce fourmillement d'abeilles intempestif me plongeaient dans un malaise printanier que j'ai ressenti pendant toute une partie de mon adolescence.

Et puis, comme par magie, je me suis aperçue que je n'étais pas qu'un esprit dans un corps fonctionnel, servant à courir ou danser. Je faisais partie d'un tout organique, qui n'avait rien de honteux. J'ai désacralisé la force désirante, et, alors, tout doucement, elle s'est déployée. J'ai accepté de désirer. Je me disais que je serais la plus charmante des amantes. À dix-huit ans, je commençai mon histoire avec Oktav. C'était du sérieux, je l'avais même emmené à la Maison, une fois, à la fin d'un mois de mai. C'était alors le plus grand pas que je puisse franchir. Mais c'est quand je le vis ailleurs qu'en Ville, superposé sur mon jardin, ma Maison, comme une gommette importune, que je compris que nous ne finirions pas ensemble. Il faisait tache sur mon paysage adoré. Il ne pouvait en faire partie, malgré ses beaux yeux profonds, malgré la lumière qui hérissait de blanc le duvet blond de ses lobes d'oreille.

C'est quatre ans après que j'ai refusé sa demande en mariage, ce fameux hiver. Sa façon de jurer, inconsciemment, avec mon nid et ma forêt, fut la première d'une longue suite d'incohérences et de divergences de points de vue. Nous ne voulions rien ensemble. Chacun souhaitait forcer l'autre à épouser son avenir propre, car nous ne voyions que trop bien qu'ils ne coïncidaient pas, ne coïncideraient jamais.

J'y repense souvent, malgré tout. Il y a des récurrences que je convoque, le bois blanc de la Maison, la petite main de Harriett, le feu qui crépite, les carreaux tièdes de la cuisine quand la confiture bout dans la marmite. Le souvenir d'Oktav, lui, revient sans prévenir, toujours un peu douloureux. J'ai beau avoir adoré ma solitude, je n'ai jamais, depuis, aimé quelqu'un comme j'ai aimé Oktav. Il demeura mon point de référence, auquel je comparai ensuite toutes mes relations. J'aimais surtout la manière dont il découvrait les dents en riant, brièvement ; il était incroyablement lumineux. Le regarder rire, c'était saisir fugacement une partie de son être qu'il dérobait au monde, le reste du temps. Il était clair à l'intérieur, d'une clarté de fête, d'une clarté de restaurant illuminé le soir, et qui bruisse de rires feutrés, délicats, dans l'entrechoquement des couverts.

J'ai pourtant dit non, quand il m'a demandée

en mariage, j'ai dit non et j'ai su à quel point cela nous briserait chacun. J'ai observé avec résignation la fissure s'ouvrir sur ses lèvres. Je ne l'ai pas fermée par un baiser. J'ai laissé Oktav se craqueler sous le poids d'un non immense.

Louisa s'est mariée l'année suivante. C'est son mariage qui m'a fait re-aimer le printemps. Il a réuni toute la famille, sans que ce soit l'été ; il a vaincu les centaines de kilomètres qui nous écartelaient pour nous fondre ensemble sous le ciel bleu de mai.

J'ai gardé les photos prises ce jour-là. Dans la boîte sous la télé, il y a le gros album brun à la reliure dorée. Je le feuilletterai plus tard, je n'en ai pas vraiment besoin. Je vois tout encore.

Louisa et Gallead en bleu ciel saupoudré d'argent, beaux comme des rois, s'agrippant au bras l'un de l'autre pour ne pas glisser sur la pelouse, toute gorgée de la pluie d'hier. Les énormes jaillissements de fleurs blanches qui jonchaient le chemin vers le verger, où on avait planté, au milieu des laitues, l'arche de leur union. Les cheveux parfaitement tressés de Louisa, beaux, longs, épais rubans blonds, torsadés sur sa nuque de pêche. Et puis tout le monde avait ce visage radieux un peu plissé sous l'éblouissement du soleil, les mains jointes comme pour prier et applaudir d'un seul geste, dans l'enlacement du Vœu et du Bravo. Il y eut l'effervescence du banquet, les félicitations jetées d'une voix retorse par Amelia et Magda, mal mariées à de bons garçons. Le regard se tend vers le ciel, quand un nuage blanc pommelé entre dans le bleu ; s'il pleut nous devrons rentrer en catastrophe, mais le nuage passe, tout crépite à nouveau. Le tintement des couverts sur les assiettes blanches est doux, doux et retenu.

C'était Louisa et à la fois ce n'était pas elle. Elle avait un sourire de mariée, un peu contrit par un bonheur d'apparat. Gallead était un de ces garçons à qui tout réussit, beau comme un dieu, une bonne situation, charmeur avec les parents, poli et fin. J'ai dû jalouser Louisa une ou deux secondes, le temps d'un pincement de cœur, puis j'ai croisé les yeux déjà résignés de ma sœur au doigt de laquelle brillait le diamant délicat, sous ce ciel de printemps, avec les pétales jetés en l'air comme des gerbes de terre après un obus. J'ai senti qu'elle ne serait pas heureuse.

Quand un taxi s'est garé, de nombreuses années plus tard, devant le perron de la Maison, et que je l'ai vue, depuis les fenêtres du bureau, prendre la main de son fils en refoulant ses larmes, une joie secrète m'a envahie. La Maison se repeuplait, comme elle était destinée à le faire. Elle rappelait ses habitants en ses murs, elle ouvrait ses portes à nouveau pour les recueillir et les soigner. Je fis de mon mieux pour que tout se passe autrement que le dernier été où nous nous étions vues, et où ma crise dans le grenier avait éparpillé comme une volée de corneilles les derniers bris de notre famille. Je pensais naïvement que Louisa resterait cette fois pour toujours, qu'elle avait compris que dehors les hommes sont cruels et la Ville bien laide sous les pavés humides.

Louisa, donc, est revenue. Je l'ai accueillie avec la douceur dont elle avait besoin. Je me suis inspirée des gestes mesurés et gracieux de Petite Mère, qui me sont revenus presque spontanément, dans mon rôle soudain de garde-malade. Louisa était bien souffrante. Sa tête ne fabriquait plus que des songes de laine et des rêves de grès, gris et lourds. Gallead n'était pas fait pour la vie de famille. Il avait préféré reprendre une existence de célibataire, à l'aube de ses quarante ans. C'était presque trop couru d'avance pour être vraisemblable. Kurt était devenu un garçon vif et sportif, un peu terrible, beau et sombre. Il me faisait penser à un petit Klaus, mais qui aurait connu de gros malheurs et aurait donc emprunté des chemins plus tortueux. Kurt était volontaire et m'aida, tout le temps que dura leur séjour à la Maison, dans toutes les tâches que le jardin nous imputait, en ce printemps douceâtre. Kurt cueillait, courait, virevoltait, et je courais avec lui presque comme si j'avais eu le même âge. J'avais alors un peu plus de trente-cinq ans, mais cet enfant ne me regardait plus comme une adulte, parce que je ne ressemblais pas à ceux qu'il connaissait, sombres et querelleurs. J'en tirai une certaine fierté. C'est comme s'il avait oublié sa tante des étés passés, dont on avait dû lui dire tant de mal, la tante qui explose soudain pour une malle ouverte. Ses parents l'avaient davantage déçu dans le divorce, se rabaissant tellement plus qu'ils ne rabaissaient l'autre quand ils s'insultaient devant l'enfant. Il avait connu trop de passion, je lui offris donc ma propre dé-passion, ma faiblesse d'éclat, mon havre hors du temps où nous pouvions gambader comme des fées routinières, dans la monotonie des jours.

Je tentais de toutes mes forces de ne pas reproduire mes erreurs du dernier été où tous étaient repartis sans m'adresser un mot. La fraî-cheur de Kurt m'était précieuse, je m'efforçais de ne pas lui interdire le grenier. J'essayais de ne pas voir en lui la petite tête bouclée de Harriett et de ne pas le regarder jouer entre les fils à linge tendus de draps. Mais Louisa se crispa de plus en plus, à cause justement, je le crois, de mes efforts. J'avais malgré moi des gestes agacés. Elle me dit un soir, quand Kurt fut couché, qu'elle aurait voulu me pardonner ma violence. Elle ajouta, à ce moment précis, quelque chose qui confirma tout ce qu'enfant je pouvais ressentir pour ma grande sœur, confu-sément. Elle avoua qu'elle ne s'était jamais sen-tie à sa place dans cette famille, dans cette Maison. Qu'elle avait toujours été en marge de nos jeux, à l'étroit dans ce cocon étouffant, loin de tout. Elle avait toujours voulu nous quitter, et elle m'insultait terriblement en évoquant devant moi tout ce qu'elle haïssait en nous autres. Elle murmura que j'étais malsaine, accrochée au passé, accrochée à une enfance que j'avais idéalisée. Elle ne s'arrêtait plus de vomir des horreurs, elle disait que Petite Mère n'avait jamais été heureuse avec Petit Père, que cette Maison avait été un calvaire pour elle, une charge écrasante. Je pensais qu'elle avait fini, mais Louisa se mit à cracher de nouveau : « Petite Mère n'a jamais eu d'initiales brodées sur son linge, elle ; elle avait les serviettes blanches des épouses. La Maison lui pesait comme la dalle d'un tombeau, elle suffoquait sous l'effroyable pression qui lui appuyait sur le ventre, là, un ventre où se tordait l'angoisse de la ruine, l'angoisse de la mort. Petite Mère en a fait, des marmots, elle en a lessivé, des planchers, tu les lui dois, tes parquets propres et tes vitres blanches. Elle était douce, elle sentait bon le savon ? Elle peignait des fleurs, hein ? Mais si tu savais avec quelle violence, ma pauvre, elle les épinglait sur la toile, toutes les têtes coupées des corolles sanglantes… Tu ne savais pas ? Mais si, allez, tu savais, tu étais juste trop égoïste, trop à côté, trop heureuse. Elle souffrait de migraines terribles, ça la prenait en ouvrant les yeux, le matin, moi enfant je l'entendais déjà froisser les draps dans la chambre voisine. Des aiguilles dans le crâne, Isadora, imagine, ça lui grignotait les paupières et toi, et Harriett, vous hurliez en dessous, avec des jeux toujours plus violents, toujours plus bruyants. Vos petits pieds partout, ça courait sans cesse, et Petite Mère qui gémissait alors je me levais pour arrêter d'entendre. Elle ne pouvait rien faire, aller nulle part d'autre qu'ici, étrangère dans la maison de famille de son mari, tu te rends compte, verrouillée à lui, et à tous les autres. Et toi qui ne lui as même pas rendu visite, à la fin… » Louisa s'était calmée, en tombant dans un fauteuil. Je m'étais mise à genoux pour qu'elle cesse. Elle me regarda pleurer, ainsi prostrée de douleur, pendant quelques minutes. Elle murmura seulement, épuisée, amère, que Petite Mère avait épousé sans le savoir la lignée maudite des bâtisseurs, la dynastie des façades à repeindre chaque année.

Ce soir-là, Louisa me révéla tout un monde que je ne voulus pas comprendre, une vision salie de tout ce que j'aimais. Nous avions vécu, au cours des cinq dernières années, la mort en chaîne de notre mère, de notre père, de notre petite sœur. Elle m'accusa de lui voler son deuil, de lui voler son enfance, en vivant là, seule, inchangée, là où nous avions grandi. Je compris beaucoup de choses, tout en lui en voulant énormément. Je tentais de me défendre, elle grossissait tout, c'était certain, elle exagérait le malheur des gens pour me faire du mal, pour détruire notre famille.

Plus tard, dans mon lit, je m'avouai que Louisa avait raison, et qu'elle avait dû garder tout ça pour elle pendant des années pour m'épargner. Je compris que tout ce qu'elle avait fait, ne pas me dire combien Petite Mère souffrait, partir de la Maison si jeune, nous fuir en permanence, elle l'avait fait beaucoup pour elle, mais aussi un peu pour moi. Elle sentait que, tôt ou tard, elle serait obligée de détruire mon bonheur mensonger ; elle enrageait de me voir ainsi pétrie d'illusions, alors qu'elle en savait tellement plus. Seulement, moi, mon deuil passait par toutes sortes de lubies étranges, affolées et entretenues par la solitude dans mon repaire gangrené de nostalgie, au milieu des arbres de notre enfance. Elle n'avait pas à m'entraîner dans son dégoût des nôtres, dans sa fuite du passé. Nous n'avons jamais fonctionné de la même manière. Quand elle partait, je m'obstinais à rester. J'ignore pourquoi je suis comme ça, pourquoi je cherche à tout revivre en permanence. Rester, c'était ma façon de résister à l'effacement, à l'oubli. Au fond, il n'y avait qu'un seul drame dans ma vie. J'aurais tout donné pour que Harriett soit de retour.

J'ai
tout donné.

Louisa est repartie, un peu avant la fin de l'été, en emmenant Kurt. Il n'a même pas pleuré. J'étais redevenue la tante étrange recluse dans sa grande Maison chouette. Notre soirée de révélations nous avait laissées, Louisa et moi, sans colère mais très tristes. Nous nous sommes prises un long moment dans les bras l'une de l'autre, au moment de leur départ. Elle semblait dire, je te pardonne, petite sœur, d'avoir besoin du mensonge. Cela faisait long-temps que nous ne nous étions pas enlacées. Les adultes ne se câlinent pas, entre eux, même s'ils s'aiment. On réserve les étreintes à l'amant, au mari, les cajoleries aux jeunes enfants. Pour les autres, une étrange pudeur s'installe, une distance organique. Mais cette accolade sur le perron, avec Louisa, était nécessaire. Nous ne devrions jamais cesser de nous câliner, entre frères et sœurs.

J'appris en novembre qu'elle allait se rema-rier avec un certain Andrew, un collègue de Gallead. Le mariage eut lieu l'hiver, dans une serre chaude louée pour l'occasion, en plein cœur du jardin botanique de la Ville. Je décidai de ne pas y assister, et envoyai une couronne tressée du houx de nos bois.

J'acceptais peu à peu l'idée que la Maison n'était qu'une pause pour les autres. La Maison était un endroit un peu maudit pour eux, lourd de douleur, lourd de souvenirs figés. Je compris aussi qu'à présent, il ne restait plus que Klaus, Louisa et moi, et qu'eux ne voyaient pas la Mai-son comme moi. Cela leur demandait beaucoup d'efforts pour y revenir sans souffrir, alors que moi, je me plaisais justement à sentir le poids rassurant du passé sur mes épaules. Je me sen-tais accompagnée.

La solitude, au printemps, est toujours à la fois plus douce et plus amère que la solitude des autres saisons. Les animaux sortent de leur hivernage avec le désir de revoir les leurs, de mêler leur souffle au troupeau retrouvé, qui, bossué de grossesses neuves, s'achemine en grognant vers les grandes plaines de pâturage. J'avais un désir plus vivace de retrouver les miens, moi aussi. Car les joies secrètes des fleurs qui poussent m'étaient plus éprouvantes sans Harriett, et les insectes qui voletaient de corolle en corolle me faisaient sentir encore plus douloureusement que la vie ne reprenait pas pour elle. Les fleurs, les plantes, les mousses, les bestioles, tout ce petit monde que chérissait Harriett me semblait exister en vain, depuis sa mort. À quoi bon refleurir.

Et puis, progressivement, les premières semaines de printemps, ces faux printemps où les neiges peuvent encore tomber, laissaient inévitablement la place aux mois dorés, mai, juin, ces mois de bonne tiédeur, d'exaltation, de projets. Le printemps me gagnait toujours seulement sur sa fin. Là, en ouvrant tous les volets, chaque matin, je retrouvais avec joie les fleurs toujours plus resplendissantes dans la franche lumière du jour. Je glissais de pièce en pièce, de fenêtre en fenêtre, en laissant pénétrer à flots cette coulée de soleil et de pollen dans la Maison. J'entrais dans une pièce close, je la quittais ruisselante de lumière ; les parquets d'acajou rutilaient sous mes pieds dansants. Le linge séchait bien, vite, ce n'était plus le pénible étendage d'hiver, les draps lourds et mouillés qui pèsent froidement sur les cordes tendues dans le hall. Au printemps, le linge dans la panière se réchauffe déjà au soleil matinal, en attendant d'être étendu, drap après drap, robe après robe, dépliés, secoués, enfilés sur le fil contre le ciel bleu. C'est le linge de dehors, le linge qu'on va chercher quand on estime qu'il doit être sec, par les claires journées de juin, le panier sur la hanche.

La Maison était un formidable réservoir de vêtements, de tous âges, de toutes couleurs; de la cave au grenier, les armoires débordaient, les malles s'empilaient, énormes et douloureuses sur leurs gonds. Je n'ai jamais eu ni besoin ni envie d'aller en Ville faire les boutiques. Enfant, je portais les anciennes tenues de Louisa, toujours coquettes, d'un goût exquis; ou bien de vieilles défroques de Klaus, que je préférais car elles étaient plus aptes aux aventures dans le jardin. Adulte, je n'avais qu'à piocher un peu dans chaque chambre : là, une chemise de Petit Père, avec un pantalon à pinces que la grand-tante Babel avait reçu d'un amant, à la Ville, il y a soixante ans. Je ne manquais de rien, je me faufilais dans les histoires et les tissus des autres, avec délice. Je passais des vêtements d'hommes, de femmes, de gens morts ou de gens loin. Je décrochais avec émerveillement les cintres des penderies, et chaque armoire, dans chaque pièce, avait ses trésors, ses petites folies : des gants de mousseline du siècle précédent, les pelisses de grand-tante Babel, bien sûr, des jupes légères, des vêtements de maternité – ces culottes amorphes, étaient-ce celles que portait ma grand-mère quand elle attendait mon père ? Quels doutes, quelles terreurs et quelles joies ressentait-elle, en observant sous ses mains le galbe du ventre ? Des vêtements oubliés traînaient dans des placards, en boule, pleins de brindilles ; des habits estivaux, de vacances, des blouses que j'avais vues sur les cousines, enfant. Ce chapeau de paille, à qui était-il ? Je roulais entre mes doigts le couvre-chef, songeuse, et je faisais défiler, en pensée, toutes les têtes de la famille. Dans telle robe d'adolescente, tante Hilde, jeune, avait dû se sentir bien belle, devant sa glace, et je me sentais belle à mon tour en la passant. Ce qui me parut le plus étrange, c'est quand, quelques années après la mort de Petite Mère, je commençai à considérer son armoire avec curiosité, et à y trouver bientôt toute la garde-robe nécessaire. Nous avions fini par avoir le même corps, et c'est ce qui me frappait le plus. Je sursautais parfois en apercevant du coin de l'œil mon reflet dans la fenêtre de la cuisine, car je croyais voir ma mère, dans cette robe bleu faïence qu'elle mettait aux jours de printemps. Même taille, même souplesse des bras, je me regardais, éberluée, danser lentement dans la transparence du carreau. J'étais devenue ma mère, et je préparais le thé, je passais dans la véranda, je remuais lentement les vieux pinceaux dans les pots. Dans la soirée, la fraîcheur tombait d'un coup, avec la nuit, et j'enfilais une veste de Petit Père. Tiens, c'est drôle, certaines sentaient le cigare au miel d'oncle Bertie, probablement parce qu'ils discutaient tant ensemble, dans le salon, en été, après le repas.

Quand je faisais sécher, sur le fil à linge, tous les vêtements que j'avais portés dans la semaine, j'avais l'impression de ne plus être seule en voyant se côtoyer, pendus par les coudes, les vestes de Petit Père, les robes de Petite Mère, un châle de Louisa, une chemise de Klaus. N'importe qui passant par le jardin aurait dit, à la vue d'une telle lessive, que c'était là une grande famille. J'étais pourtant seule à la porter, seule à la laver, seule à l'étendre.

Mais le printemps ne connaît pas le silence. Il me semblait que toute la belle nature en vibration autour de moi était pensante et sentante. Il me semblait l'avoir enfantée. Je surveillais les pousses, les plants, les jeunes fruits du verger avec une attention qui me faisait sourire. Je me penchais sur les choux comme l'on se penche sur un berceau. J'écartais les feuilles comme le voilage délicat tamisant un landau.

Je me remis à être fille. Je tressais des couronnes de fleurs, assise dans la pente herbeuse sous la Maison. Je m'asseyais dans un coin d'herbe bluté de marguerites, et mes jupes s'évasaient sur mes jambes picotées par les brindilles. Je cueillais les plus belles fleurs autour de moi, comme une géante rafle du poing les chaumières de pierre d'un minuscule village d'humains. Je nouais ensuite les fleurs entre elles ; j'enfilais, meurtrière, une tige dans leur cœur jaune et accueillant, tout poudreux de pollen. Les tiges blanchissaient sous mes nœuds bien serrés, c'était plus facile adulte qu'enfant. Je plissais l'œil sous un flux de lumière jaune, qui blondissait mes cils baissés. J'avais quarante et soudain dix ans. La couronne achevée, elle n'était que pour moi, ne ceignait que mon front, mais en pensée j'imaginais Louisa et Harriett en ajuster de semblables sur leur tête tiédie de soleil. Louisa la fée des couronnes de fleurs, la reine de ce jardin, je lui racontais le soir au téléphone que j'avais pensé à elle en faisant ma couronne, je lui disais combien elle avait toujours su choisir les plus belles marguerites, et faire les nœuds les plus solides. Elle me répondait qu'elle ne se rappelait plus très bien, et ne saurait de toute façon plus en faire.

Harriett s'en serait souvenue, elle, elle aurait eu plaisir à évoquer nos jeux, ensemble, au téléphone. Elle aurait surtout été avec moi, au printemps, dans la Maison. Nous aurions, même à soixante ans, fait des couronnes de fleurs. On aurait parlé de tout et de rien, la parole déliée sans y penser au fil des pétales qu'on égraine. Nous aurions eu des amants ou des amantes,

194

sans doute, dont nous aurions pu parler et rire comme deux sœurs qui grandissent et passent des jeux d'enfant aux secrets de femme.

À défaut d'avoir une sœur avec moi, je ne parlais à personne. Je n'aimais personne. Pour rencontrer quelqu'un, il eût fallu qu'il se présentât aux grilles de la Maison.

À tout bien réfléchir, c'est un peu le miracle qui s'opéra, d'abord déguisé en malédiction, quand, un printemps, Klaus me téléphona pour m'annoncer qu'il aimerait composer, avec son big band, un album de jazz qu'une maison de disques le pressait de produire. La nouvelle, au début, ne semblait me concerner que de loin, puis il m'annonça que sa troupe et lui débarqueraient dans la semaine, avec leurs instruments et leurs malles, à la Maison. Tu comprends, petite sœur chérie, la Maison m'a toujours inspiré, et il y fait si bon vivre au printemps. Les idées nous viendront sans résistance, ajouta-t-il, elles viendront comme un chat se coule prestement contre les jambes de son maître. En clair, il me réclamait l'hospitalité pour toute une flopée de musiciens, durant plusieurs semaines. Je refusai tout d'abord, un peu paniquée, pressentant un grand dérangement, un agacement terrible, des hommes brutaux, des coups de trompette à l'aube, des pas lourds sur le parquet vieillissant. Klaus me rassura, rigolard, et promit qu'il tiendrait ses sbires. Mes craintes, selon lui, étaient ridicules. Il avait raison, puisque la réalité s'avéra dépasser mes pires attentes.

Le Titus Transpolar Timorius Band jouissait déjà d'une certaine renommée, quand le groupe débarqua, à grand renfort de klaxons, de cris, de grognements et d'eau de Cologne, dans le hall de la Maison. Il s'agissait du groupe de loisir de mon frère qui, entre deux costumes de chef d'orchestre, allait s'encanailler la nuit dans des clubs de jazz, la trompette au bec. Il traînait avec lui une bande d'amis glanés dans divers orchestres qu'il avait pu diriger, ou des musiciens qu'il avait connus durant ses études. La ribambelle de quinquagénaires commençait à se faire un nom sérieux sur la scène avant-gardiste mondiale, et leur nouvel album devait venir couronner leur succès d'un plébiscite unanime de la critique. C'est dans cet état d'esprit que les douze membres du Titus Transpolar Timorius Band, deux tubas, trois trombones, quatre trompettes, un contrebassiste et deux percussionnistes, disposèrent leurs souliers bien vernis dans le hall, après injonction de ma part.

Le jardin était en pleine floraison, les oiseaux piaillaient dans toute l'insouciance de leurs nids tout neufs. Le deuxième soir, un petit piano de bar qu'ils avaient fait livrer dans la journée, basculé par accident par un trombone et un trompettiste, écrasa mon massif d'hortensias mauves. Une semaine plus tard, un fauteuil du salon, heureusement pas mon préféré, se retrouva aspergé de whisky lors d'un débat animé sur le tempo d'un morceau. Au cours des trois mois qu'ils passèrent à la Maison, cette année-là, je perdis donc en tout un massif, un fauteuil, quatre verres, deux assiettes et une moitié de tympan, car c'était, du matin au soir, un ruissellement intempestif de cuivres virtuoses, de solos de caisse claire, de vrombissements qu'on eût dit d'un éléphant gargantuesque. C'était, lorsque je tentais de lire au jardin, une coulée de croches vives par une fenêtre, un coup de cymbales par une autre, une mélopée de trombone par les lucarnes de la mansarde, une mélodie idiote qui crevait la véranda, tout à coup, me faisant lâcher mon bouquin. Et des rires gros, des rires clairs, des rires rauques de cigare au miel – ils en avaient trouvé une caisse dans la chambre usuelle d'oncle Bertie. Ils paradaient, avec sans cesse sur la bouche un éclat de cuivre ; les partitions traînaient partout, sur tous les meubles, dans la cuisine, dans la baignoire même. En ouvrant mon armoire un matin, je trouvai un tambourin dans mes culottes, et j'entendis pouffer de rire, de l'autre côté de la porte, un idiot ou un autre. Les serviettes, comme à la grande époque où la famille remplissait la Maison, séchaient indistinctement sur des dos de chaise, des poignées de porte, la rampe d'escalier. Toute cette couvée d'hommes sous mon toit, ce grand remue-ménage de garçons rigolards, d'adolescents attardés, me sembla à la fois la plus insupportable et la plus exaltante des expériences.

Car moi, dans tout ça, j'évoluais, avec une

soudaine coquetterie, dans les pièces bondées, et l'on me saluait comme une reine, et l'on se précipitait pour m'aider aux tâches quotidiennes. Ils n'étaient pas goujats, pour la plupart, et quittaient les répétitions s'ils me voyaient passer dehors avec une bêche sous le bras, et couraient m'aider au jardin. C'était comme avoir toute une meute de frères. Klaus était charmant, drôle, chaleureux, comme à son habitude, il faisait attention à bien m'inclure dans leur monde. Il me gardait toujours une chaise près de lui à table, il envoyait, d'un ton bref, un de ses amis faire les courses, ou préparer le repas, ou dresser la table. Toute cette petite colonie de vacances me rendait plus vive que jamais, je sentais le sang ricocher à pleins battements dans mes veines. Je me réveillais aux effluves de café, et je restais là, haletante, un grand sourire aux lèvres, me disant que peut-être j'avais huit ans et qu'en bas les adultes préparaient le petit déjeuner, puis que Harriett et moi allions ouvrir les volets, avant de débouler dans la cuisine inondée de lumière pour engouffrer des tartines. Le petit lit vide traversé de rais de soleil à côté de moi ne me paraissait plus aussi triste, puisqu'en le voyant, mes rêveries cessaient mais laissaient place à une réalité tout aussi douce. J'étais femme et non fille. Ma peau était chaude, mes hanches rondes et mes seins encore fermes, et je sentais qu'en descendant l'escalier, je serais accueillie par des hommes drôles et attentionnés qui me respectaient. Je savais aussi que je plaisais à Markus, et qu'il me plaisait.

Markus fut un des éléments qui rendirent cette cohabitation si plaisante. Un trombone, absolument charmant, pour qui j'avais une réelle attirance. Un doux feu chauffait entre mes côtes quand je le voyais debout, dans un coin du salon, parlant avec animation. Nous restions discrets, mais c'était délicieux de s'étreindre en secret dans tous les coins les plus improbables de la Maison et du jardin, loin des autres, essoufflés, riant, craignant à tout moment d'être découverts. Nous étions absolument incognito, mais quand nos regards s'accrochaient par-dessus la table, nous ne pouvions nous empêcher de sourire, au secret organique qui nous liait, dans le dos de tout le monde.

Quand ils partirent, Klaus me glissa en riant qu'il aurait bien aimé que je me trouve un amant parmi ses amis, parce qu'ils étaient les seuls qu'il aurait aimé pour beaux-frères, et je me sentis hilare et heureuse au fond de moi.

L'été qui suivit leur départ fut particulièrement lourd. Je m'étais habituée à leurs bruits, leurs odeurs, leurs instruments un peu partout dans la Maison, leurs bouquets de fleurs des champs déposés sur la table, leurs gros poings qui tambourinaient aux portes, « Jermie, t'es là ? », « Les toilettes sont prises ? », « Roh, allez, ouvre Barmus, t'es pas drôle ». L'album sortit en septembre, pour la rentrée musicale, et fut un énorme succès. Certains titres devinrent même des standards, dont le morceau qu'ils intitulèrent, pour me remercier, « Isadora ». Oui, le fameux « Isadora », qui aujourd'hui est joué dans tous les bons et moins bons clubs de jazz du monde, m'a été dédié. C'est un des plus beaux cadeaux qu'on m'ait jamais faits. De plus, dans la version originale, Markus y jouait le solo. Klaus m'apprit qu'il avait insisté.

Les printemps de ma cinquantaine, et même de ma soixantaine, furent très doux. Comme rassuré d'avoir passé l'hiver, mon corps ressentait avec encore plus de gratitude et d'émerveillement la renaissance des choses. Je sortais au matin par la véranda et m'étirais au soleil, pleine de moi-même. J'appréciais la pesanteur de mon corps mature comme un ancrage physique à ma terre. Je partais pour une promenade dans les bois, un gros pull sur les épaules, qui devenait progressivement inutile à mesure que je m'échauffais au soleil neuf qui filtrait par les branches bleues. Parfois, je m'enfonçais dans la forêt, je passais la main sur certains troncs rugueux, et les veines de l'écorce contre ma paume vieillie semblaient battre tendrement. La pleine conscience de ma chance, la pleine mesure de ce que je possédais, tout ce que je pensais connaître jusqu'à ma mort, me remplissaient d'une joie indescriptible. Je bifurquais parfois vers l'étang. Au sortir de l'hiver, il était encore plus sale que d'habitude, les branches mortes s'entrecroisaient en arceaux noirs sur l'eau rousse.

La surface de l'eau m'a toujours hypnotisée. L'eau de l'étang avait beau être d'une opacité de tombe, j'y plongeais les yeux et il me semblait que les profondeurs se révélaient à moi, et que, dans une connexion particulière avec ce lac semblable à mon iris, se montrait à moi tout ce qui évoluait dans l'ombre trouble des flots. Je sentais glisser en nappes silencieuses les grosses carpes couleur de terre, froissant l'eau épaisse comme une mare de satin. Je sentais palpiter les petits poissons vifs qui s'affolent, désorganisés, entre les longues herbes à flanc de berge. Mes yeux ainsi remplis de l'eau du lac débordaient de conscience, de compréhension ; ainsi penchée, attentive, sur la moire des profondeurs, je guettais, à m'en percer la pupille, les ombres confuses sous le remous. C'était comme un secret révélé à moi seule, pendant un court instant, une intimité entre la surface et le fond, avec moi comme passeur. Un renversement faisait tout basculer, et alors j'étais au fond du lac et mes yeux tentaient de percer vers le ciel, vers la lumière et les saules. Je flottais sous l'eau brune et je voyais mon moi de la surface, penché et brouillé vers mon moi aquatique. Soudain un mouvement dans les bois rompait le charme, et l'étang retrouvait sa verdeur opaque.

Aussitôt tout refaisait sens, les arbres reprenaient leur place, en ronde autour du lac. Je regardais mes bottes, elles avaient pris un peu l'eau, par le devant, car la semelle se décollait. J'avais dû, pendant que je le contemplais, mettre un pied dans l'étang. Je frissonnais soudain, une peur enfantine de retour, celle d'avoir été hypnotisée par le lac, attirée vers le fond, comme dans ces légendes où quelque chose brille au cœur de l'eau et noie les héros fascinés. Je me sentais un peu bête avec mes chaussettes mouillées, devant mon étang sale où ne nageaient sans doute que de très laids poissons, les branchies pleines de sable.

Je revenais vers la Maison. Je connaissais les chemins par cœur, je ne prêtais plus guère attention à la courbe des sentiers. Je finissais par déboucher sur la pelouse, et la Maison se détachait, immense et blanche dans le jardin. Mes pas s'allongeaient, je ne pensais plus qu'à poser mes bottes et à faire sécher mes chaussettes devant le feu, avec une tasse fumante. Dans ces moments-là, quand je venais de m'oublier dans l'extérieur, je ne m'arrêtais pas pour regarder la Maison. Je ne pensais qu'à son contenu : la cuisine, la théière, la cheminée, les pantoufles. Je ne levais plus les yeux, en traversant la pelouse. Je le regrette à présent. J'aurais toujours dû la contempler au sortir des bois comme quand, enfant, ses façades brillant au soleil me frappaient d'éblouissement. Il faut toujours s'efforcer de voir les choses familières, de les voir vraiment. Il faut visiter son propre palais avec l'étonnement d'un ambassadeur étranger.

J'aurais dû mieux chérir aussi l'habitat intime que nous occupons toute notre vie, et je ne parle plus de la Maison mais du corps, qu'on ne voit que de haut, de face, à moins de se contorsionner. On ne verra jamais son propre corps comme les autres le voient, on observera toujours, curieux, les photos où l'on apparaît, avec avidité. Je ressemble donc à ça, se dit-on en scrutant notre image figée. Si la photo nous a saisis en train de fermer les yeux, de parler, dans un geste ingrat, si nous sommes flous, alors l'image que nous en retirons est profondément décevante ; c'est une occasion manquée de se connaître, de s'apprécier. On baisse les yeux sur soi et on voit les seins sur le ventre, le renflement de l'abdomen, qui se gonflait les jours de règles, et qui à présent se gonfle en permanence. En dessous se bombent les cuisses, grasses, lisses et blanches, qui cachent les mollets. Le bout des pieds émerge, si curieusement faits, pleins d'orteils et de courbes musculeuses. On tend les bras, les bras de vieille sont laids, je les déteste. J'aimerais m'étirer et voir à nouveau fuser des manches en coton deux bras fins dorés par le soleil. Je hais les miroirs, je hais ce que mon visage est devenu, plein de gris et de bleu, à l'ombre des rides. C'est un visage minéral, comme piqueté de taches de rouille, d'un froid de marbre. Les traits glorieux sont effacés. Bientôt fini, le visage, matière vivante, qu'on tord pour faire la grimace, qu'on tend aux baisers, qu'on fronce pour exprimer la colère. Bientôt inertes, ces bras, ces jambes, ce corps déjà flasque et dur à la fois.

Roulée au fond d'un trou ou dispersée aux quatre vents, je n'ai pas encore fait mon choix. Je ne fais qu'y penser et pourtant je n'en ai pas la moindre idée. Ce que j'aimerais, c'est renaître, sans douleur, sans amertume, presque sans souvenir de ce que je fus précédemment. Peut-être aurais-je une nouvelle Maison à chérir, de nouveaux frères et sœurs avec qui courir dans les herbes soyeuses. Je me laisserais dériver dans la somnolence placide des siestes au soleil. Je sentirais à nouveau l'eau couler sur mes mains, un peu trop fraîche, pour les laver avant le repas. J'enfoncerais ma fourchette dans la chair tendre d'un légume, et ma langue accueillerait comme un lit creux un ruisseau de saveurs. Les jours de pluie, je suivrais du doigt les gouttes sur le carreau. J'enfilerais de nouveaux vêtements, et j'éprouverais sur ma peau jeune le frottement du tissu qui sent la lessive, encore et encore.

Peut-être renaîtrais-je plutôt ours, ou renard, quelque chose qui vit dans la forêt, ne connaît que ses bois. J'arpenterais alors toute ma vie durant des sentiers immémoriaux entre les arbres, qui me mèneraient, sans que je sache trop comment, à des rivières épaisses au cours langoureux. Là je me pencherais pour laper une eau de montagne, une eau de source claire qui frémit au soleil. J'aurais pleine confiance en mes pattes vigoureuses enfoncées dans l'herbe fraîche, pleine confiance en la marche du monde, dans la parfaite ignorance de la fin des choses.

Entrer en hospice m'a confrontée, violemment et implacablement, à ma disparition. Ce ne fut pas, en soi, une surprise ; on sait toute sa vie qu'il faudra mourir, et pourtant rien ne nous y prépare jamais, pas même la mort des autres. Quand le corps devient faible, on se retrouve soudain lesté par une accumulation de regrets si lourds, si pesants, qu'ils rendent la fin de vie profondément triste. La joie dans mon cœur a du mal à se soulever, du mal à prendre.

Quand j'étais encore à la Maison, il me semblait que l'abattement n'était pas complet. Je me sentais encore un peu utile, je vivais là où je m'étais épanouie, un jour ; je vivais dans l'illusion d'une continuité de ma personne. Je n'avais pas encore compris que ce qu'on accumule toute sa vie, les petites passions, les petites toquades, les goûts, la couleur préférée, les livres lus, les méthodes pour rempoter une plante, le secret pour une confiture réussie, tout cela disparaîtrait. Et avec moi, tout l'enseignement de Petite Mère, de Petit Père, tous les petits événements qui composèrent mon caractère, mon être aux autres. Comment Klaus, à table, servant de l'eau à nous ses petites sœurs, m'apprit à être altruiste ; comment éteindre la lumière, le soir, à la demande de Harriett, m'apprit à vivre avec les autres ; comment laisser Louisa dessiner dans sa chambre m'apprit à respecter les mondes intimes de chacun.

En vieillissant, comme pour ralentir le temps perdu, inconsciemment, comme pour agripper le cours des heures et l'étirer encore, ou tout simplement pour me prouver que ma vie n'avait pas été vaine, je me mis à cultiver de nouvelles aptitudes. Je cherchais en moi de nouvelles ressources, des facultés précieuses, rien qu'à moi : je m'essayais, comme un enfant à l'école à qui l'on enjoint de tout explorer pour trouver sa passion, à diverses occupations, le tricot, la gravure sur bois, la broderie, l'écriture, le dessin. Entre cinquante et soixante ans, je tentai tout un tas de choses que je n'avais pas cru bon de tenter avant. Réparer des objets moi-même, jouer du piano, imiter, à la fenêtre, le chant des oiseaux dans les arbres. Je ne réussissais pas tout, et abandonnais vite, mais cette boulimie d'activités me convainquit que j'étais encore en construction, que j'étais encore une terre où pouvaient croître de nouvelles essences.

Je me mis en tête, dans ma jeune vieillesse, d'investir l'atelier de Petite Mère, sous la véranda. Je n'avais touché à rien depuis sa mort, ou très peu. Les pinceaux étaient toujours tête-bêche dans les pots. Ses dernières toiles, inachevées, des bouquets de fleurs peints avec une rare violence, se pressaient face contre mur, comme honteuses de la douleur qui les saturait. Les névralgies de ma mère y étaient tout entières vibrantes encore, quarante ans après, dans la violence des rouges et l'abandon même dans lequel elles s'empoussiéraient. Je nettoyai le chevalet, les brosses, et comme les palettes étaient trop abîmées, je les jetai, encore pleines de peinture séchée. Il y avait là des mélanges inédits de Petite Mère, de beaux mauves comme elle savait les faire, secs depuis quarante ans. Je passai mon doigt sur les bosses brillantes des mélanges figés, sur les couleurs éternelles. Je sentais les stries de la brosse qu'elle avait plongée dans le pigment; des stries durcies, des stries mortes. Des coups de pinceau fantômes prolongèrent ma main. Je ressemblais à ce que ma mère aurait été à soixante ans.

La Maison était si belle, au creux du jardin bleu. J'eus envie de fixer, en image, le jaune franc du soleil sur les planches de bois blanc, le bleu reflété sur les vitres. J'eus envie de saisir les paillettes d'or qui glissaient sur les branches des pommiers, dans le verger. Je me mis à former un projet, d'abord vague, puis obsédant. Je voulais peindre la Maison. Je me disais, et ce fut là mon erreur, que savoir peindre ne me serait pas nécessaire si j'avais une si claire vision de ce que je voulais projeter sur la toile. Il me semblait voir si précisément les couleurs que rien n'aurait pu se mettre entre moi et l'image de la Maison que je concevais.

Les tubes de peinture que Petite Mère utilisait étaient complètement secs. Je descendis au village et commandai à l'épicerie une toile, une seule, et tout un assortiment d'acryliques. La semaine passée à attendre ma commande me parut interminable. Je trépignais comme une enfant, toute remplie de ce projet qui me sembla tout à coup indispensable, inéluctable même.

À peine le facteur eut-il arrêté sa fourgonnette à hauteur de la boîte aux lettres que j'avais déjà bondi au bas des marches du perron pour lui arracher le paquet des mains ; je me rappelle lui avoir jeté un rapide au revoir, puis m'être précipitée dans la cuisine. Là je déchirai le papier brun qui emmaillotait les tubes de couleur. Je laissai glisser ma main sur l'écru rugueux de la toile vierge, sur laquelle j'imaginai très nettement la Maison se découper, parfaite, fidèle, éclatante. Je savais où j'accrocherais le tableau, une fois fini et sec, ce qui devrait prendre une bonne partie de la journée, présumais-je ; il irait droit sur le mur de la chambre, pour que Harriett puisse le voir aussi, quand elle se pose en silence sur les draps froids.

Mes mains tremblaient d'excitation, de hâte ; j'imaginais une expérience voluptueuse, fluide, des lignes pleines et franches, des pinceaux bien gentils, qui feraient ce que je leur dirais. Je me souvenais de Petite Mère en train de peindre, elle qui faisait ça si facilement, sans effort, qui floutait des pétales et veloutait des corolles d'un geste agile de la brosse.

J'emportai le chevalet dans l'herbe tiède, traversée d'un frais soleil de midi, et le fichai dans la terre. Je me mis bien en face de la toile, tout était prêt, la palette pesait sur mon bras. La surface crème du rectangle vertical semblait prometteuse, avec en arrière-plan la façade haute de la Maison côté verger, éclairée en plein par un coup de jour rieur. Six heures plus tard, je m'effondrai en larmes dans l'herbe froide de la fin de journée.

Je jetai la toile hideuse sur laquelle avaient croûté d'affreux mélanges de couleurs, un camaïeu de marron sale, un nuancier de boue et de vase humide, toute la berge remuée de l'étang malpropre, du lac maudit au fond de nos tripes. Je sanglotais de rage, la déception était immense, c'était l'incapacité à fixer la Maison comme je l'aimais, dans tout ce qu'elle représentait pour moi. Les lignes étaient imparfaites, les perspectives fuyantes, les fenêtres enfantines ; j'avais gâché la façade, le blanc d'œuf était sali par un brun d'ombre que j'avais voulu y apposer, à la dernière minute. Jamais mon œil ne put transmettre à ma main l'image pure et joyeuse de cette Maison telle que je la percevais, pleine de nous, pleine de Harriett, pleine de souvenirs si beaux qu'ils m'arrachaient le cœur à chaque instant du jour, douloureux et poissés par le regret, le deuil, la vieillesse qui grimpait en moi comme un mauvais lierre.

Je n'en pouvais plus de solitude et d'herbe

humide, de l'absence, insupportable, des miens, les vivants comme les morts ; je n'en pouvais plus, soudain, à genoux dans l'ombre froide de la Maison, dans cette terre noire qui tachait ma robe, qui tachait mes mains et mes chevilles. Je crachais à gros sanglots suffocants tout ce qu'il y avait de frustration à vivre et à aimer une bâtisse qui ne vous donne rien en retour, qui ne vous aide pas à vous souvenir, qui malgré tous vos efforts se laisse écrouler. Chaque hiver des tuiles partaient, et c'était pire pendant les orages d'été, où des arbres entiers s'abattaient dans la forêt, frappés aléatoirement par cette flèche de lumière terrible qui fusait des nuages. Je faisais faire des travaux de réparation, coup sur coup, année après année, la toiture partait en lambeaux, on me disait que la charpente était pourrie. Je me suis dit allez, c'est fichu, la Maison est pourrie et je pourrirai avec.

Je m'imaginais mourir dans mon petit lit, dans la chambre éventrée de lianes, couverte de mousses bleues luisant faiblement dans une nuit de caverne, avec des couleuvres de cuivre enroulées sur le parquet. Des roseaux perceraient le plancher et les eaux brunes envahiraient tout à coup la pièce ; je deviendrais la noyée cauchemardesque de Petit Père et Bertie, la gorgone étranglée par les algues.

Je me disais que ma fin et celle de la Maison coïncideraient, et qu'un beau jour mon fantôme se réveillerait tout naturellement, avec dans le lit voisin le fantôme de Harriett, soudain visible, qui respirerait profondément sous les draps. Je serais la plus heureuse du monde, je la prendrais dans mes bras translucides, car c'est permis, entre fantômes, on se voit et on se touche, sans doute. Nous irions construire des cabanes transparentes pendant que la Maison s'écroulerait, et nous continuerions de jouer sur ses ruines de bois vermoulu. Elle me dirait tu sais Isa, j'ai cherché partout ma chaussette, et je lui dirais petite bête, cours donc dans la chambre, elle est sous ton lit, coincée dans la plinthe.

Je ne mourrai pas dans la Maison, à présent. C'est fini. Je ne retrouverai pas Harriett, n'est-ce pas ? J'ai si peur de mourir dans cette chambre d'hospice pour vieux, seule sur mon fauteuil, et que mon fantôme y demeure coincé. Je verrai mon corps emmené par des infirmiers méthodiques. Harriett pleurera en m'attendant, elle se demandera où je suis, pourquoi je ne la rejoins pas, maintenant que je suis morte. J'ai abandonné la Maison comme j'ai abandonné Harriett, comme j'ai abandonné le seul désir de ma vie, exister et mourir dans ma Maison. C'était mon combat décidé à l'enfance, quand je lisais sur le rebord de la fenêtre, c'était ma gloire secrète, mon royaume à défendre. J'ai échoué, je suis là, loin de la Maison, dans une chambre morne avec vue sur le parking. Je suis vieille et pourtant je ne meurs pas. J'ai quitté la Maison en faillant, à la dernière minute, à mon rôle de vestale qui entretient le foyer. J'ai échoué en tous points. Je n'ai plus parlé à Klaus ni à Louisa depuis trois ans. Je ne sais pas où ils sont. J'ai perdu les vivants.

Je m'en souviens, maintenant, de pourquoi je suis partie. Pourquoi, au printemps dernier, j'ai tout vendu, tout cédé, fermé la porte, claque-muré les fenêtres. Ce printemps je suis partie, bien après le tableau raté, bien après la douleur terrible dans la poitrine. Bien après même ma première chute dans l'escalier, mon cher esca-lier en colimaçon, presque un membre de ma famille, qui a voulu ma peau soudain, en me jetant à bas comme un mauvais cheval aux côtes fuyantes. Je suis partie, je suis partie parce que la Maison voulait me tuer.

J'ai dû, avec beaucoup de honte, demander au village une aide pour me faire la cuisine, étendre les draps, allumer le feu dans la chemi-née. Je regardais du coin de l'œil quiconque on m'envoyait, car ça me coûtait cher et c'était intrusif, cette personne de trop dans ma soli-tude, qui s'agitait dans la cuisine.

J'ai vu avec effroi arriver la fin de la Maison. J'ai pleuré tous les soirs dans mon petit lit non plus d'enfant mais de vieille fille, de vieille orpheline. Je n'arrivais plus à traîner les bûches jusqu'à l'âtre, et ma chambre était froide, froide, comme le salon, comme la cuisine, comme cette maudite salle d'eau au carrelage vert. Le vent entrait à grands hurlements dans les pièces, il enfonçait les fenêtres fragilisées par des années de pluie et de glace. Le bois était pourri, pourrie jusqu'à la moelle la Maison, et moi avec.

Ce printemps, quand je suis partie, le jardin était plus luxuriant que jamais. Les plantes, les herbes, les fleurs avaient poussé avec une vitalité invraisemblable, presque du jour au lendemain, dans un verdoiement lumineux et violent de jungle empoisonnée. J'ai suffoqué de tout ce vert qui semblait surgir au moment même où je sentais tout flancher à l'intérieur de moi. Le jardin semblait se réjouir d'avance de la décrépitude amorcée dans la grande bâtisse en bois blanc qu'on repeignait tous les ans, il y a longtemps, en famille. Mes poumons, depuis la chute dans l'escalier qui avait fêlé quelques côtes et m'avait clouée au lit, sur les ordres du médecin, sifflaient à chaque inspiration. L'air saturé de chlorophylle, empesé de pollen, poudré d'abeilles et de bourdons, épaississait ma respiration, tapissait le fond de ma gorge, asséchait mes yeux. Les fleurs non cultivées, le jardin à l'abandon, les arbres lourds de beaux fruits ronds et fermes, qui suaient le sucre à pleine peau, étaient plus radieux que jamais. Et je me réveillais la tête égarée, j'ouvrais les volets, le jardin explosé de soleil bourdonnait encore davantage, et les grosses mouches cognaient hardiment au carreau.

Pour la première fois, je me sentis dépassée

par la Maison. Ma place en établissement géria-trique, réservée depuis l'automne, en prévision, m'attendait à une trentaine de kilomètres. Je me dis que je ferais bien de tout arrêter, mainte-nant, tout de suite, parce que cet été les pêches seraient trop nombreuses, dans le verger crou-lant du velours de leur duvet. Je me dis, avec beaucoup de résignation et une infinie tristesse, en prenant mon thé dans la cuisine, appuyée contre l'évier, que tout était devenu trop dou-loureux ici. La Maison, branlante, moi, ram-pante, nous n'avions plus rien à faire ici, dans ce jardin vénéneux aux fruits trop beaux.

Je suis partie, un matin d'avril, dans une camionnette conduite par le menuisier du vil-lage. Dans le fourgon qui m'a emmenée à l'éta-blissement, mon fauteuil, les albums photo, une malle de linge, quelques livres, un coffret avec les lettres de Jésabel. Au fond de ma poche, j'avais un double des clefs de la Maison, caché. Je l'ai serré dans mon poing à m'en blesser la peau au tranchant métallique, pendant tout le trajet. Je désire être enterrée avec. Pour pouvoir rentrer chez nous quand je serai morte.

Je me rappelle à peine ce matin de déména-gement. J'étais dans un état abominable d'épui-sement et de colère, éreintée du sacrifice de ma vie pour ce lieu, effroyablement triste de le quit-ter pourtant, avec une terreur indescriptible de ce qui m'attendait. Une légère pluie faisait comme une mousse de lavande dans le matin frais, qui tamisait l'orée du bois. J'avais pris ma dernière douche dans la salle de bains au carrelage vert. Je descendis le perron, fermai la porte ; mes pieds crissaient sur le gravier et chaque pas pesait comme une chape de grès. Mes épaules coulaient jusqu'à terre. Le menuisier me soutint jusqu'au camion, car je ne voyais rien derrière les larmes. Au dernier moment, je ne voulus plus, je me récriai dans un sursaut désespéré, il me sembla soudain impensable de quitter notre chambre, de ne plus jamais revoir l'escalier le hall la cuisine, le salon avec l'âtre noirci des flambées de notre enfance, la véranda où Petite Mère peint en chantonnant, les étages avec les cousins qui courent à petits pieds pressés pendant les jeux, Louisa qui brosse les cheveux de Harriett dans sa chambre claire, Klaus qui descend comme un ours du grenier, on se bouscule dans le couloir, il me pince les côtes, nous avons les mêmes yeux, le même nez, c'est mon grand frère chéri. Que font Klaus et Louisa, tandis que je lutte contre moi-même au seuil de la Maison ? Pourquoi suis-je la seule sur le champ de bataille, quand le clairon sonne et que s'abat sur moi la violence inouïe de nos fantômes communs ? Que fait Harriett ? C'est facile, de mourir, de tout laisser aux autres, les souvenirs comme les meubles, les coffres à jouets qu'on n'arrive pas à vider, car ils sont pleins encore de tout ce qui n'est plus. Je n'ai que de la colère, cette colère que j'avais en quittant la Maison, colère que j'ai toujours en revoyant tout, en imaginant la Maison qui croule encore, sans moi, le jardin qui se gave de la putréfaction des morts, enchevêtrés dans les racines, engloutis sous l'étang. Dans le rétroviseur, la façade s'éloignait, étroite et pointue sur le ciel pâle, avec toutes les fenêtres vides.

Je n'ai jamais autant pleuré que ce matin où j'ai quitté la Maison. En entrant dans l'institut gériatrique, j'ai vécu tous mes deuils d'un coup. Tout m'est retombé dessus, Petit Père, Petite Mère, la grand-tante Babel, Harriett, une seconde mort celle de Harriett, comme si on m'annonçait à nouveau qu'elle n'était plus, que je n'entendrais plus jamais sa voix, qu'elle ne viendrait pas à Noël, que je devrais m'habituer à n'avoir plus d'elle que des photos pâlies et des souvenirs. Le toit sur lequel il pleut, les murmures avec Harriett avant de s'endormir, dans le grondement rassurant des adultes qui débarrassent la table en bas, la chambre bleue d'une nuit sans angoisses, sans fantômes.

C'est terrible, des larmes de vieille, on sait qu'elles sont inconsolables. Les chagrins sont trop profonds, trop essentiels, ils deviennent constitutifs de soi. Mes chagrins et mes colères sont tout ce qu'il me reste.

J'ai soif.

Je ferai chercher l'infirmière, tout à l'heure. Je lui demanderai de trouver les numéros de téléphone de M. Klaus Aberfletch et Mme Louisa Aberfletch-Saggiatini. Alors je les appellerai, pour la première fois depuis des années, et nous parlerons de la Maison blanche entre les sapins bleus, de nos jeux à travers les étages, du parquet qui craquait sous nos rires, des branches pleines de sève qui collaient aux mains.

Peut-être gagnerons-nous ensemble l'ultime bataille de nos guerres précieuses, Klaus, Louisa et moi. À coups de lance, crever les silences ; brandir à trois un bouclier commun. Enfin araser les décombres, en famille. Notre petite sœur sourirait derrière le carreau, toute seule et transparente dans la grande Maison froide.

DE LA MÊME AUTRICE

Aux Éditions Gallimard

LES GUERRES PRÉCIEUSES, 2023. Prix Aznavour des mots d'amour 2023 (Folio n° 7362)

Tous les papiers utilisés pour les ouvrages
des collections Folio sont certifiés
et proviennent de forêts gérées durablement.

Composition IGS-CP à L'Isle-d'Espagnac (16)
Impression Novoprint
à Barcelone, le 2 juillet 2024
Dépôt légal : juillet 2024
1er dépôt légal dans la collection : avril 2024

ISBN 978-2-07-304942-1 / Imprimé en Espagne

645593